Alexandre Luiz Mazzei da Costa
Silvia Regina Goulart de Miranda

A Lógica do Investidor

Como sua Mente Afeta seus Investimentos

Uma análise prática
da mente de
quem Investe

EDITORA CIÊNCIA MODERNA

A Lógica do Investidor: como sua mente afeta seus investimentos - Uma análise prática da mente de quem investe

Editor: Paulo André P. Marques
Produção Editorial: Dilene Sandes Pessanha
Capa: Daniel Jara
Diagramação: Daniel Jara
Copidesque: Dilene Sandes Pessanha

FICHA CATALOGRÁFICA

COSTA, Alexandre Luiz Mazzei da; MIRANDA, Silvia Regina Goulart de.

A Lógica do Investidor: como sua mente afeta seus investimentos - Uma análise prática da mente de quem investe

Rio de Janeiro: Editora Ciência Moderna Ltda., 2024.

1. Economia Financeira 2. Investimentos
I — Título

ISBN: 978-65-5842-383-6 CDD 332.6

Editora Ciência Moderna Ltda.
R. Alice Figueiredo, 46 – Riachuelo
Rio de Janeiro, RJ – Brasil CEP: 20.950-150
Tel: (21) 2201-6662/ Fax: (21) 2201-6896
E-MAIL: LCM@LCM.COM.BR
WWW.LCM.COM.BR **06/24**

Agradecimentos

Agradeço primeiramente a Deus, a minha mãe Elvira e a toda família Mazzei que eu amo muito. Ao meu amor, Luana Ferreira, que tanto me ajudou nessa caminhada, com sua compreensão e incentivo.

Não poderia deixar de agradecer também aos Professores José Alexandre e Professor Marcelo Silveira, que estão sempre presentes nas discussões e dúvidas sobre o mercado financeiro e em especial, a grande psicóloga comportamental Silvia Goulart pelo seu interesse no projeto e por ter me proporcionado a reeducação cognitiva.

Um especial agradecimento ao meu editor Paulo André e a Dilene Sandes que estão sempre acreditando em meu projeto de popularização do investimento.

Agradeço também a todos os estudiosos e especialistas do ramo das finanças comportamentais. Saibam que seus estudos não foram em vão e eu sou uma prova viva disso.

Alexandre Mazzei

Mesmo sem nunca ter pensado no tema e, de certa forma, não ter manejo no mundo dos números, Alexandre Luiz Mazzei da Costa fez com que eu mudasse minha crença sobre o assunto. Por isso o meu agradecimento especial.

Também não posso deixar de pontuar o quanto é prazeroso somar aqui. Fazendo com que a psicologia esteja a cada momento alargando os seus territórios.

Entendo que o indivíduo caminha para o equilíbrio mental à medida que se despe do que não é e deixa fluir o "ser desejante" que existe dentro de si!

Libertar de crenças distorcidas ou limitantes é o caminho para que desabrochemos e sejamos ousados na arte de viver.

Estamos sempre aprendendo.

Silvia Goulart

Esta obra tem a intenção de mostrar as nossas ilusões mentais em Investimento gerais, e também em Ações e Derivativos. Ela não cita todos os detalhes dos estudos relatados e das operações financeiras dos mesmos. Nela são relatados casos de Investimento utilizando a análise gráfica ou fundamentalista, com ações e derivativos, pois fazem parte do processo de investimento.

Todas as emoções apresentadas foram relatadas pelos autores dos estudos, alunos e amigos. Em nenhum momento o autor indicará como proceder, pois não existe a melhor atitude e sim a estratégia mais adequada a cada investidor. Todos os fatos relatados são verídicos e os pensamentos relatados apresentaram lucro ou prejuízo. Em nenhum momento, quando é citada uma ação ou opção, o autor ou a editora tem o interesse de influenciar nas decisões de Investimento do leitor.

Em se tratando de operações com o Sistema Home Broker, é importante lembrar ao investidor que o investimento de bolsa de valores é considerado de risco médio a alto e que também a realidade econômica muda de acordo com o tempo em que vivemos.

Tanto o autor, como a editora isenta-se de toda responsabilidade por qualquer prejuízo ou risco, profissional ou de qualquer tipo, adquirido em consequência, seja ela, direta ou indireta do uso ou aplicação do conteúdo desta obra.

"Bem-aventurado o homem que acha sabedoria, e o homem que adquire conhecimento. Pois vida longa de dias estará na sua mão direita; e na esquerda, riquezas e honra."

Provérbios 3:13-16– Bíblia Sagrada

"Dedico esta obra aos maiores investimentos da minha vida, meus filhos Brunno, Brenno e Bruna Mazzei. Bruna, apesar da distância, te amo muito!"

Invistam em seus filhos!

"A todos os investidores que conheci que
um dia investiram na bolsa e não mais voltaram".
Alexandre Mazzei

"Não sabote suas metas. Mude seu modo
de ver o dinheiro e a prosperidade".
Silvia Goulart

Introdução
Entenda as Ilusões Cognitivas do Investidor de Ações e Opções

Quando iniciei este projeto, pensei em escrever um livro que não fosse muito teórico e que relatasse algumas situações vivenciadas pelos investidores, além de mostrar casos e pensamentos que ocorreram em nossas operações. Vale ressaltar que não tenho a intenção de influenciar o investidor em mudar suas estratégias, porém, quero mostrar que muitas vezes tive pensamentos incorretos sobre o Mercado e que ganhava e já perdia com isto.

Quero demonstrar como a mente do investidor opera contra o mesmo, forçando a mudar as estratégias previamente estabelecidas. E para o meu entendimento, a melhor estratégia é aquela que é seguida fielmente e racionalmente. Assim, como uma reeducação cognitiva e com objetivos específicos, alcançaremos bons resultados nas nossas operações.

Quando ocorre algo contrário ou a favor dos seus objetivos em seus investimentos existem sensações e medos que o investidor experimentará e a pior sensação é aquela culpa de não ter feito nada e verificar, depois de um determinado período de tempo, que a sua carteira está, por exemplo, 30% menor, e que neste ponto o investidor não tem mais coragem de vendê-la. Nesta situação, a maioria dos investidores, fica sem operar um longo tempo.

É importante saber que reações são essas. Como lidar com elas.

É aconselhável ao investidor conhecer melhor o processo de pensamento e não dar tanto valor a eles, pois o processo é comum, cotidiano e devemos saber lidar com isso.

Às vezes o investidor tem uma perda qualquer relatada e nesse momento, a ação volta ao seu preço de compra. Então, ele vende e sai do mercado. Esta situação já aconteceu comigo. Isto ocorreu, pois não segui a estratégia. Só não acabei abandonando o mercado nestes momentos difíceis porque aprendi a fazer operações estruturadas com Derivativos e lidar com a mente humana através da minha psicóloga Silvia Goulard, coautora deste livro.

Com a ajuda dela, conheci como é todo esse processo cognitivo em que sua mente opera e assim, consegui permanecer no mercado até hoje.

A leitura deste livro atenderá o investidor em geral. Sendo mais interessante para aqueles que erram ao investir ou quem muda sua estratégia no meio das operações. Fato não aconselhável para quem investe.

Os psicólogos poderão utilizar o livro como fonte de inspiração para futuras experiências. Melhorando ainda mais o campo das "finanças comportamentais". Este livro é principalmente indicado ao investidor individual.

Diferentemente de outros livros no mercado sobre a mente do investidor, este irá demonstrar como é o funcionamento do seu cérebro, não de forma teórica, mas na visão prática.

O objetivo deste livro é reduzir as forças emocionais e mentais, fazendo com que o investidor individual entenda a si mesmo, diminuindo a tomada enviesada de decisões, causadas por essas emoções e ilusões da mente.

Não sou um especialista no assunto, mas sou um operador com muitos anos de experiência, sendo objeto de estudo a esses especialistas. Atualmente não vendo produtos de mercado, não vendo cursos, apenas opero na bolsa e trabalho normalmente no que eu gosto, sendo professor. O meu interesse é a popularização do hábito de investir.

Sumário

Finanças Comportamentais

O Investidor de títulos, poupança e Ações e Opções, pelo sistema Home Broker ou não, encontra-se sempre sozinho no momento de uma tomada de decisão. Naquele momento, na maioria das vezes, ele estará cercado de amigos virtuais, análises de prospectos e artigos relacionados ao tema. Mesmo assim, com isso tudo, na hora de decidir, o que acontece?

Fica a sós com suas operações e tomadas de decisões!
O Investidor e sua "Mente brilhante" é quem vão decidir aquela operação.

Se você é um Investidor sabe que sua Mente encontra-se contigo. E isto é óbvio. Porém, talvez não saiba que a Mente está no domínio de toda a operação.

Somos o que pensamos? Podemos nos direcionar para o que, de verdade, não é o meu pensamento? Somos francamente influenciáveis?

Após escrever alguns livros, demonstrar e aconselhar, através de artigos, e-mails, conversas e Palestras Universitárias, eu percebi que o investidor não mudava sua forma de operar por mais que estudasse. Eu filosofava sobre as possíveis causas desta fixação aos erros.

Com o passar do tempo, muitos anos de análise e a experiência que adquiri, percebi que a "Mente do investidor" estava no domínio da operação. Fazendo coisas que eu mesmo não desejaria.

Se você considera sua Mente como você mesmo, saiba que você está errado. Sua Mente, ao contrário de você, segue outros padrões desconhecidos e misteriosos. Se você está fazendo uma operação qualquer de compra e venda e descobre que fugiu a estratégia inicial, isto ocorreu devido alguns mecanismos cerebrais que você desconhece. Existem estratégias que levam a uma direção que não é escolha sua e se assim o faz pensar se ela é distorcida pela circunstância.

Se você se convenceu que a Mente faz parte desse processo, então vale a pena, no mínimo, conhecê-la. Com este livro, você verá que, conhecer a sua "Mente Brilhante", não é apenas o mínimo a ser feito, será a obrigação de qualquer investidor.

Quando seu Cérebro está nos momentos de decisão de investimento, ou de compra e venda de um papel, ilusões e sentimentos poderão atrapalhar seu desempenho na tomada de decisão.

Quem opera com Ações ou Derivativos no Home Broker, e fez uma operação errada, já passou por momentos no qual se perguntou:

- Por que eu fiz isso?
Quem escolheu um investimento que não deu certo, já pensou:

- Devia ter estudado mais esses riscos!

Isto acontece com todo investidor individual. Saiba que você não está sozinho. Todos nós passamos por isso um dia.

O assunto é tão vasto que atualmente possuímos um campo da psicologia que estuda o comportamento, digamos, "um tanto estranho" do Investidor. Este campo da Psicologia é conhecido como "Finanças Comportamentais" e dela que este livro irá tratar.

Em meados de 1998, Kanheman e Hall alegaram que as decisões das operações financeiras pessoais são realizadas em "um ambiente de alta complexidade e alta incerteza". Nós, investidores experientes, sabemos que esta "alta incerteza" diminui através dos tempos e das quantidades de ferramentas aplicadas para o auxílio da tomada de decisão. Porém, a incerteza e a complexidade existem e ainda estão a níveis significativos. Com isso, a carga emocional no momento de fechamento ou início de uma grande operação é enorme.

Segundo eles, este ambiente leva o investidor a confiar na "intuição", na maioria das vezes. Acredite, foi esta a conclusão de Kahneman e Hall, com tantos aparatos e incertezas, a intuição prevalece aos outros dispositivos da sua Mente de tomadas de decisão.

Por isso, eles consideravam que ela, "a intuição", tem papel fundamental na tomada decisão.

Quem é experiente no Mercado sabe que não se pode confiar na intuição, porém deve saber também que, mente e intuições, se interagem, mudando o comportamento decisório. Mas existem casos famosos, como o investidor George Soros, por exemplo, que utiliza a intuição como sua principal ferramenta.

Foi verificado em algumas análises que, no ambiente de alta complexidade e incertezas, surgem preconceitos que mexem com sua capacidade de raciocínio frio e calculista.

Devido a este ambiente, agrupam-se preconceitos e vieses de decisão em sua Mente, criando o que chamamos de "Ilusões Cognitivas".

Entendamos então que manter-nos "racionalmente vigilante" aprimora a nossa capacidade de não seguirmos um impulso puro e simplesmente, como se estivéssemos num jogo de azar. A orientação da minha analista, em clínica, visa que o indivíduo seja seletivo com o que pensa. Evitando cair em armadilhas do seu próprio psiquismo, que pode facilmente levá-lo a pensar de maneira distorcida sendo que as interpretações que advirão. Pois se isso ocorrer, seu pensamento seguirá um padrão alternativo. Criando um "universo do pensar" paralelo.

Efeito Reflexo e, por conseguinte, efeitos de disposição serão tratados neste livro e fará você "viajar" naqueles momentos em que, esses vieses dominaram você naquela tomada de decisão.

O Que é uma Ilusão Cognitiva?

A palavra "Cognitiva" tem origem na palavra grega "gnosco", que significa conhecer. Também tem forte influência do termo latino "cogito", que significa "eu penso". Sendo assim, a melhor definição que eu tenho de "ilusão cognitiva" seria "ilusão do pensamento" ou "ilusão que ocorre com o conhecimento".

É importante saber, antes de qualquer coisa, que nossa Mente é complexa e o investidor não tem completo domínio sobre a mesma. Um dos motivos desta falta de domínio é a ilusão. Criada pelos nossos sentidos sem o controle do nosso corpo. A ilusão dos sentidos mais conhecida é a "ilusão de ótica". Porém, existem outras, aliás, muitas.

Assim como a ilusão de ótica, a mente cria outras ilusões. Segundo Kahneman, Slovic e Tvesky, a ilusão que tende a fazer com que os investidores cometam erros sistemáticos é chamada de "ilusão cognitiva".

O primeiro problema é que a mente tem dificuldade para julgar subjetivamente as quantidades físicas, como o volume, por exemplo.

Segundo Kahneman, Slovic:

"Os investidores também têm dificuldade para julgar subjetivamente probabilidades."

Por que as Ilusões são tão Prejudiciais ao Investimento?

As ilusões cognitivas são muito fáceis de entender, mas são muito difíceis de serem eliminadas pelo investidor. É por esse motivo que muitos investidores não conseguem fazer o que tem que ser feito, mesmo planejando adequadamente sua estratégia.

Reconhecer a ilusão Cognitiva é um dos passos mais importantes para que o investidor evite erros no processo de escolha de ativos. Entendendo o funcionamento do cérebro, pode-se aumentar a performance do seu investimento.

O mais importante para o investidor é poder entender em qual momento em particular tal ilusão poderá manifestar-se e saber que isto afetará seu poder de decisão.

Entender que as Ilusões Cognitivas existem é tão importante para o investidor quanto é para o homem andarilho do deserto que deve saber reconhecer miragens. Pois estas ilusões fazem você colocar seu dinheiro no risco, mesmo não querendo. Essas ilusões fazem também você mudar seu processo decisório na escolha de uma ação ou opção, assim como faz o andarilho do deserto ir de encontro à miragem devido aquela ilusão de ótica.

A ilusão de ótica muitas vezes é incompreendida pelas pessoas que a tiveram. Ela é um viés. E assim como todo viés é difícil dominá-la. O primeiro passo para dominar um viés é saber que ele existe. Veja um exemplo e responda qual dessas linhas horizontais são paralelas?

Figura 1 – Ilusão de Ótica. Fonte: www.ilusãodeotica.com

Você provavelmente não viu nenhuma reta horizontal paralela nesta figura.

E agora se eu te relatar que a figura 1 causa uma ilusão de ótica e que todas as retas horizontais são paralelas. Vou pedir para você retornar à figura com uma régua e medir as distâncias que separam as retas horizontais, de uma ponta a outra. Você verá que essas retas são paralelas.

Assim, ao medir as retas você verificou que essas retas são paralelas. E é exatamente isto que este livro fará com você investidor. Reconhecer o viés e após isso, tentar controlá-lo.

Mas assim como a ilusão de ótica, outros vieses cognitivos são difíceis de serem detectados no primeiro momento e também difíceis de controlar.

O primeiro passo será reconhecer que ele existe. O segundo passo é você aceitar que vai ocorrer o viés mesmo que já saiba que ele existe. O terceiro passo é dar um tempo pequeno e dizer ao seu cérebro:

-Tudo bem. Eu sei que é um viés e vou fazer tudo diferente desta vez. Vou ser racional e usarei a lógica e ferramentas adequadas.

E foi exatamente o que você fez para controlar seu viés de ilusão ótica.

(volte à figura novamente e veja se consegue perceber as retas horizontais paralelas sem a régua)

Pensamento Linear

Para que este livro seja aceito, quero deixar claro que utilizamos uma abordagem Linear para sintetizar os Vieses Cognitivos. Porém estamos alertando a todos os leitores que apesar de criar uma abordagem individualizada dos vieses cognitivos, eles se correlacionam. Desejo que o leitor veja de forma simples e objetiva o seu comportamento em relação ao seu investimento.

Sabemos atualmente que o pensamento Linear é ultrapassado, mas não descartado.

Entendam que esta abordagem faz parte de um compromisso de manter a leitura agradável e objetiva ao investidor. Peço desculpas aos psicólogos que não aceitam tal abordagem. Mas assim será. Para que se faça um bom entendimento do assunto pelo leitor investidor.

Essa abordagem é simplista. Porém, não simplória.

Ilusões que Afetam sua Performance de Investidor

Citaremos agora as principais Ilusões Cognitivas, que fazem com que sua carteira diminua através dos tempos, que faz você aplicar sua poupança em algum produto não adequado ou que tenha um desempenho abaixo da média de Mercado em Ações. O estudo dessas Ilusões foi feito por cientistas e doutores renomados, muitos deles foram ganhadores de prêmios importantes em sua área e inclusive na Economia.

Peço desculpas pela imprecisão de algum estudo, ou até de erros de autoria de algum destes também e desde já iremos nos comprometer a mudar e/ou corrigir tal fato numa segunda edição deste livro. Lembrando que o propósito do livro é servir de base ao pequeno e médio investidor nas premissas de pensamentos sobre seus investimentos, mostrando ao investidor a importância de se aprofundar no estudo das finanças comportamentais para melhoria do modo de investir.

Mas não deixo de manifestar a minha vontade de ter este livro como um texto de referência Brasileira da união da Economia e da Psicologia Comportamental iniciada por Richard Thaler em 1997.

Seguindo a Maioria

Começo com a Ilusão mais aceita e comprovada pelo Investidor. Ela é responsável pelo maior número de Investidores com prejuízos na Bolsa de Valores.

É muito difícil investir contra a maioria. Quem investe em Ações e Opções sabe disso, aliás, tem certeza. A pressão da massa, as notícias, os amigos, e tudo em sua volta mostram claramente que você está errado.

É fato que, essa pressão exerce forte influência sobre seu investimento. Quanto a isso, não há novidade nenhuma para quem investe em ativos de risco. Se algum dia você já investiu em ações, sabe que isto não te surpreende, e talvez lendo esse parágrafo deva estar se perguntando: - *Qual a novidade nisso?* Ou talvez indagando: - *Isto eu já sei!*

Talvez você não saiba que, se você foi a favor da maioria devido à pressão psicológica que ela recebeu, isto não é uma falta de personalidade sua. Ou quem sabe, pode pensar em talvez, uma falta de experiência. NADA DISSO!

O que ocorre realmente é que estamos citando um dos primeiros casos de ilusão cognitiva conhecida e estudada pela psicologia. Em outras palavras, o que ocorre não tem nada a ver com seu modo de agir, com sua personalidade, com sua falta de experiência, e sim, com sua Mente. Só a sua Mente é responsável por fazer você ir a favor das massas!

O Departamento de Psicologia da Universidade de Princeton estudou e demonstrou através de experiências com resultados, digamos, bastante significativos que a pressão da maioria é simplesmente demais para a Mente de alguns investidores.

Eles reuniram alguns espectadores, entre dez pessoas. Elas eram convidadas a sentar em frente a uma mesa. Sobre a mesa ficavam expostos lápis coloridos. Todos, com exceção de apenas um, eram do mesmo tamanho. Nesta mesa, todos observavam os lápis, mas não sabendo a função dos mesmos sobre a experiência a qual foram convidadas. Das dez pessoas, apenas um não era ator. Esta pessoa estava sendo analisada pelos psicólogos sobre como a pressão da opinião dos convidados iria influenciar seu comportamento. O lápis vermelho era o único que não tinha o mesmo tamanho dos demais. Aliás, era pequeno, digamos uns 25% menor.

Os atores estavam orientados a encenarem e sabiam exatamente o que fazer. Todos os atores começaram a opinar sobre o tamanho e as cores do lápis. Todos os 9 atores diziam que eram do mesmo tamanho. Espantado, o homem estudado, não compreendia muito bem o que ocorria, olhava para os outros e via o absurdo que eles estavam dizendo. Estava claro, para ele, que aquele lápis vermelho era bem menor que os outros! Ele tinha total razão sobre isso. Mas não opinava, apenas olhava abismado.

Então, entra na sala um "responsável" pelo setor. Começa a perguntar um a um, a cor e o tamanho do lápis em relação aos demais. Cada um ia respondendo as cores do lápis e o tamanho, dizendo que era idêntico aos outros em tamanho. A função da experiência era saber até que ponto nós somos influenciados pelo meio, em uma tomada de decisão.

Mais de 30% das pessoas investigadas entravam em colapso moral e mudavam radicalmente sua opinião pelo tamanho do lápis.

A pressão da maioria era demais para elas.

Assim como foi a experiência da Universidade de Princeton, nos Estados Unidos, os investidores em Ações e Opções sofrem este colapso. Mesmo tendo razão sobre seus investimentos, sobre sua técnica, mudam ou alienam seus ativos devido à pressão da maioria.

Para o investidor, é importante, quando está sobre esta pressão, saber que não é errado sentir essas coisas. É natural e isso faz parte do funcionamento do seu cérebro. Aprenda a lidar com isto.

Saiba investidor, que em investimento de riscos a maioria está quase sempre certa.

Porém, vale lembrar que a maioria <u>está quase sempre</u> e não nunca está errada. Ou seja, <u>algumas vezes a maioria erra</u>.

Numa outra experiência em sala de aula o professor chega com um bastão rígido de metal e ao sacudi-lo nos informa que ele iria amolecer em frente aos nossos olhos. Mantermos-nos racionalmente nesta experiência é praticamente impossível. A maioria "vê" o bastão ficar flexível! Ao final da experiência o Mestre conclui:

-A mente é "burra". O que você fala pra ela , esta irá acreditar!

A mente é francamente iludida pela persuasão e por aquilo que nos lançamos a acreditar.

A estratégia especulativa:

Viva com esta realidade de sua Mente em relação como ela se comporta devido à pressão da maioria. Tente não se fazer influenciar pela pressão da maioria.

Invista sempre a favor da probabilidade maior.

Se você está certo, está certo, siga em frente. Mas lembre-se, analise fielmente e aproveite os exageros do mercado.

Contas Mentais

Pode parecer uma bobagem, ou até, quem sabe, você pode achar que o fato de escrever todas as suas operações financeiras e seus gastos seja coisa de pessoas metódicas. Mas não é.

Se você não escreve suas operações, está na hora de corrigir esse vício. É de extrema importância que se organize. O primeiro passo para isso é uma construção de planilhas com sua receita (ganhos) e despesas (custos).

O próximo passo é se organizar com os investimentos. Faça sempre um histórico de suas operações. Se fizer no computador, imprima no final de cada período. Se o período do investimento for de 6 meses, como por exemplo, alguns títulos públicos, imprima no final do período.

Mas tome muito cuidado!

Ao fazer tal planejamento, mesmo que no papel, cuidado para não inserir contas que foram feitas "de cabeça", e colocar seus resultados na planilha.

Devemos tomar cuidado com as "contas mentais".

Segundo o economista comportamental Richard Thaler, separamos nosso dinheiro em contas distintas. Normalmente, segundo ele, separamos mentalmente corrente de investimentos e gastos futuros e muitas vezes imaginamos que nossa renda será suficiente para todos os gastos que ela suportaria realmente.

É muito interessante essa separação. Você muitas vezes separa dinheiro ganho do dinheiro poupado.

Um exemplo interessante é quando precisamos criar um gasto que nos geraria culpa se mexêssemos na poupança. Uma viagem, por exemplo. Muitas vezes preferimos para esses casos pagar um empréstimo de 12% ao mês do que mexer no dinheiro da poupança que rende míseros 0,5% ao mesmo período. Pois para você, a poupança não faz parte do dia a dia.

Segundo alguns psicólogos, nossa mente é limitada, pois só enxergamos parte da realidade que nos cerca, por isso nossa relação com o dinheiro muitas vezes não é lógica.

Alguns erros são clássicos. O mais conhecido é sobre o salário. Algumas pessoas que recebem salário consideram o salário Bruto na hora de planejar seus gastos. Muitas vezes até consideram o salário menor que o Bruto. Mas deixam de incluir todos os descontos. Isso é um erro gravíssimo.

Por exemplo, a pessoa ganha um salário Bruto de R$ 4.900,00 e muitas vezes esquece de colocar apenas o quanto ganha líquido. Esquece dos descontos do IR e INSS ou plano de pensão pública. Com descontos mencionados seu salário será em torno de R$3.800,00. Esta diferença fará um grande estrago em suas contas.

Outro exemplo muito comum de conta mental é quando você vai receber um dinheiro em um determinado mês, seja ele bônus por participação da empresa, por exemplo, ou quem sabe talvez, o décimo terceiro salário.

Quando estamos para receber um determinado valor fazemos uma "conta mental" com o total a ser recebido. E quando vamos planejar seu gasto sempre lembramos esse total, e muitas vezes desconsideramos gastos anteriores para ser pago com esse valor recebido.

Um exemplo dará melhor entendimento:

Vou receber R$ 3.900,00 de 13° salário, então gostaria de fazer um planejamento de uma compra. Ao invés de colocar no papel vou fazer apenas uma conta rápida de uma compra de Notebook de R$ 2.500,00. Tudo bem. O dinheiro dá. O orçamento está adequado.

O problema de ter feito a conta mentalmente ocorre quando desejarmos usar esse dinheiro para outro propósito. Como, por exemplo, pagar o IPTU. Neste caso, iremos lembrar apenas que o décimo terceiro vale R$ 3.900,00 e é isso que você vai receber, mas se esquece de descontar os R$ 2.500,00 do Notebook.

Inconscientemente, as pessoas não somam as despesas e apenas se fixam no valor total, que no exemplo era de R$ 3.900,00.

Se descontasse o Notebook sem ser mentalmente, não esqueceria, pois estaria escrito o gasto com o mesmo. Então, perceberia que seu 13° não é mais R$ 3.900,00, como no exemplo.

Veja:

R$ 3.900,00 – R$ 2.500,00 = R$ 1.400,00

Este valor, R$ 1.400,00, talvez não fosse suficiente para o pagamento do Imposto Territorial Urbano (IPTU). Causando sérios danos ao seu orçamento.

Existem vários problemas para serem citados sobre o uso de contas mentais no orçamento.

Outro exemplo muito característico é o do "limite do Cartão de Crédito". Este é um dos vilões do orçamento. Fique atento com ele.

Um dos erros mais clássico é considerar que o seu limite do cartão de crédito não faz parte das compras a prazo parceladas.

Digamos que você tenha, por exemplo, um limite de R$ 2.000,00.

Ao comprar em parcelas, uma geladeira, de R$ 1.200,00, em dez vezes sem juros, você terá uma parcela de R$ 120,00. Porém, seu limite caiu para R$ 800,00 e você nem percebe.

Se desejar fazer uma compra no mês seguinte de R$ 1.100, 00 provavelmente seu cartão será recusado. Pois, mesmo pagando a primeira parcela, seu limite aumentou para R$ 920,00 que era os R$ 800,00 mais os R$120,0 da parcela.

Isto ocorre, porque mentalmente não consideramos o valor total da compra como diminuição do limite e sim apenas a parcela a ser paga. Causando maior confusão.

As contas mentais são subterfúgios que sua mente cria com os números para satisfazer seus desejos.

Viés da Projeção

Quando fazemos uma projeção sobre o futuro erramos por achar que teremos os mesmos desejos e necessidades no momento em que fizemos tal projeção. Quantas vezes acabamos por dar um valor muito elevado a algo que, no futuro, você viu que não tem nenhuma importância? Ou quantas vezes não demos importância a algo que poderíamos ter para o futuro? Mas quando era possível ter, ou começar a agir para ter no presente, nada fizemos?

Isto ocorreu devido ao "viés da projeção". Este viés de pensamento faz com que acreditamos que estaremos pensando da mesma forma no presente e no futuro. O que não é verdade. As nossas necessidades mudam com o passar dos anos e os nossos desejos também.

Exemplo 1:

Quando estamos com uma vida financeira tranquila ou quando se é muito jovem você não pensa em aposentadoria. Neste caso você não está preocupado em investir para sua aposentadoria, pois se sente confortável com a vida que está levando. Seu sentimento é de segurança. Ou às vezes, na imaturidade de ser jovem, acha que nunca vai ficar velho.

Neste exemplo a sua mente faz com que você imagine que suas necessidades serão as mesmas do momento em que houve uma reflexão a respeito. Ela te retornou uma resposta "enviesada", pois usou como parâmetro de referência a necessidade real do momento em que vivia e não a necessidade do momento futuro, onde precisará da aposentadoria.

Exemplo 2:

Uma Empresa que extrai petróleo descobre uma determinada fonte de petróleo abundante. A Ação desta Empresa começa a disparar. Suas cotações atingem valores nunca antes vistos. Em um investimento de curto prazo é interessante comprar esta ação naquele momento da descoberta, pois deve aproveitar o chamado "Boom" da ocasião.

Mas caso seu investimento é para longo prazo seria interessante não investir neste momento. Para longo prazo, a ação irá cair. Ela dependerá de investimentos para extrair mais petróleo, fazendo com que suas ações caiam no decorrer do tempo.

O viés, nesse exemplo da Ação Petrolífera, faz com que o investidor acredite que os sentimentos da maioria dos investidores serão os mesmos no futuro, o que não é verdade. Por isso não é errado entrar no momento de alta se seu objetivo é de curto prazo, mas caso contrário, se seu investimento é para longo prazo, esqueça a Ação naquele momento e aguarde a correção, pois ela virá.

A estratégia especulativa:

- Comece a pensar na aposentadoria desde já. Saiba que, no futuro, suas necessidades serão outras. Pesquise a necessidade que você teria se tivesse 60 anos e tente fazer contas. Verifique se você possui um planejamento adequado para viver bem com aquela idade.

- Especulação de curto prazo não pode ser confundida com estratégia de longo prazo. Para Longo Prazo Nunca compre uma Ação em patamares históricos* de preço.

Efeito Âncora

O leitor investidor de Ações deve ter visto algumas análises fundamentalistas, análises técnicas. Ou até ter acontecido de seu gerente de investimentos, mostrar alguns portifólios ou estimativas de preços de uma ação para um determinado período e dito:

-Esta Ação estará no final do ano a X reais! – diz seu gerente, todo eufórico.

Estes valores são conhecidos como "preço-alvo".

O "preço-alvo" consiste no preço em que uma determinada ação irá chegar, para que você comece a pensar em vendê-la um pouco antes deste valor ou no valor exato.

Veja o exemplo:

Digamos que você resolveu comprar uma ação e gostaria de saber o potencial de ganho que esta ação lhe trará, caso você mantenha a mesma na carteira por dois anos. Para isso, você deve pesquisar bastante. Calculando e analisando os gráficos para saber se o preço realmente tem potencial para esse patamar que você deseja.

Não há nada de mal em determinar um preço de venda ou alvo em seu objetivo especulativo.

Mas, o investidor deverá tomar muito cuidado na "armadilha psicológica" que está por trás de todo esse processo. Esses cálculos, essas análises etc., são nada mais que uma busca para uma "ancoragem", ou seja, você quer se ancorar em um valor. Sem esta "âncora" você se sente perdido.

Mas onde está a armadilha?

Kahneman e Tversky (1974) relataram que, quando formamos uma estimativa de preço, começamos com um valor inicial, o preço-alvo. Segundo eles, normalmente esses valores iniciais são arbitrários. E depois tendemos a ajustar os valores a partir desse preço inicial. A evidência do estudo, "evidência empírica", demonstra que as pessoas "ancoram" demasiadamente seus valores iniciais.

Foram separados dois grupos distintos de investidores. Para o primeiro grupo pediu-se que estimassem um preço-alvo para seus ativos. Para o segundo grupo não pediu nada inicialmente. No simulado, criou-se uma situação de "super-alta" conhecida como "euforia de mercado" e os dois grupos foram avisados sobre tal fato.

No primeiro grupo, quem tinha colocado um preço alvo inicial, ajustou seus preços para cima, porém bem próximo ao valor inicial anteriormente adotado. Vendendo assim, prematuramente seus ativos. Enquanto isso, o grupo que não tinha colocado objetivos iniciais vendeu somente após a quebra do momento de euforia, tendo lucros bem maiores.

A estratégia especulativa:

Procure não "ancorar demais" sua estratégia de investimento.

Seu preço-alvo é um ponto de referência para aquele determinado momento do mercado, para aquela determinada ação, no momento em que o setor de mercado em que a empresa trabalha está.

Se o mercado global mudar, se o setor mudar, se a empresa mudar, levante a âncora.

Viés do Desconto Hiperbólico

Em meados de 2010, lancei um livro com o nome "Invista com Sucesso na Bolsa de Valores". Já nos primeiros capítulos citava a importância do investidor em traçar seu perfil antes de alocar seus recursos. O livro demonstrava formas de como identificar seu perfil.

A maioria dos Investidores ignora a importância disso. Eles acreditam que este assunto é coisa de gerente de banco ou administrador de fundos de investimento. Isto não é verdade. E você não precisa acreditar nisso.

Este assunto é tão desprezado pela maioria dos investidores que de 10 livros lançados, sobre o tema "investimentos", apenas 1 cita a importância de definir um perfil antes de investir.

Para piorar ainda este aspecto, existe um viés que confunde o investidor na escolha do seu perfil. É o "Viés do Desconto Hiperbólico".

Nos investimentos em bolsa existem três perfis usuais. O médio, longo e curto prazo.

Eles são definidos pelo próprio investidor para em quanto tempo ele deseja ter resultados e o quanto ele suportará as variações do preço de seus ativos. Se você nunca leu nada a respeito, aconselho a leitura desse assunto mais detalhadamente para depois se aprofundar no estudo do viés do desconto Hiperbólico.

Para quem já definiu seu perfil ou já leu a respeito do assunto se espantará como sua mente pode "pregar uma peça" com esse viés.

Quando estamos em situações de escolhas onde o lucro é garantido não usamos uma lógica direta e objetiva.

Por exemplo:

Ocorreu em uma especulação qualquer com a oportunidade de receber imediatamente, um prêmio no valor de 200 Reais, ou se esperar, 1000 Reais em um ano.

Nesse caso, agimos como criança sem pensar. Escolhemos a primeira opção. Ou seja, 200 Reais, mesmo que para isso poçamos perder. Optamos por aplicar recursos no curto prazo ao invés de objetivar um prazo maior com retorno maior, tendo um ajuste melhor de saída desta especulação.

Utilizamos uma escolha não lógica e enviesada. Pois 1000 Reais é 5 x o valor de 200 Reais. Pela lógica deveríamos optar pelo melhor retorno do investimento. Pois ganhar 5 vezes o valor em apenas 1 ano é uma excelente taxa. 500% a.a.

Este viés ocorre também quando optamos por adquirir um bem de consumo a prazo. Pagamos muitas vezes mais que o dobro do valor desse bem.[7] Ao invés de juntarmos o dinheiro para pagar o que desejamos, iremos nos endividar para adquirir o bem imediatamente.

Você já fez isso? Então você sabe do que estou dizendo. Saiba que sua mente fez uma escolha não lógica, pois utilizou parâmetros enviesados.

Isto ocorre também no investimento em Ações e Derivativos. Muitas vezes somos forçados a realizar os lucros cedo demais, devido a este viés. Ou escolher um perfil não adequado ao investidor.

Estratégia Especulativa

Defina seu perfil antes de Investir. Leia mais a respeito e não ignore a importância do tema.
Se você identificou que é um investidor de longo prazo de nada vai adiantar vender suas ações a 30 e recomprá-la mais caras depois de alguns meses.
Você será forçado, devido a esse viés, de realizar seus lucros cedo demais. Como não vai retirar os recursos, acabará por recomprar novamente as ações em outras fases do investimento.

Não espere resultados de longo prazo no curto prazo.
Não mude de perfil no meio do caminho, no prejuízo.

Efeito Doação

Thaler (1980), em seu primeiro artigo, observou que um amigo, que era economista e enófilo[1], teria comprado algumas garrafas de vinho Bordeux alguns anos antes, por dez dólares. Porém o vinho valorizou e em 1980 era vendido, em leilões, por duzentos dólares.

*1 - **Enófilo** é um estudante ou amante de vinhos, aquele que se dedica profissionalmente ou por prazer a estudar o maravilhoso mundo dos vinhos.*

Ele observou que seu amigo economista bebia algumas garrafas em ocasiões especiais. Porém, não comprava garrafas novas e se recusava a vender suas garrafas pelos duzentos dólares. Thaler nomeou este fenômeno de "efeito doação".

Tal efeito acontece porque o ser humano normalmente exige um preço muito mais alto para vender um objeto do que estaria disposto a pagar pelo mesmo objeto.

Ou seja, você quando compra uma ação deseja vendê-la por um determinado valor, porém não está disposto a pagar este valor que você escolheu, ou próximo a este, por mais um lote de ações. Não é estranho? Já parou para pensar nisso?

Como você pode vender uma ação por um preço em que dificilmente pagaria por ela? Reflita: Então, ela não vale isso?!

Quando recebemos alguma herança ou algum ganho, temos dificuldade de desfazê-lo.

Às vezes, em sua casa, no seu carro, ou na sua mala executiva, você acha coisas que não deveriam mais estar lá. E aí se pergunta: - Por que guardamos coisas?

A resposta está no seu cérebro.

Outro experimento muito conhecido foi realizado em 1990. Ele consistia em distribuir canecas de café que poderiam ser levadas para casa. Para vendê-las, foram dispostas algumas opções de preço, determinando o preço de venda da caneca doada. A outro grupo que não recebeu as canecas foi questionado o quanto pagariam por elas. Constatou-se que o preço de venda das canecas doadas do primeiro grupo não era menor que 5 dólares.

Já no grupo que não tinha recebido as canecas como doação não pagariam mais que 2 dólares e vinte e cinco centavos. Existiram pessoas do primeiro grupo que só venderiam as canecas pelo valor absurdo de 25 dólares.

Estes distúrbios das tomadas de preços ocorrem o tempo todo no mercado financeiro. O efeito doação é muito prejudicial ao investidor inexperiente, principalmente em carteiras ou ações recebidas. Este efeito foi analisado novamente, dessa vez pelo pesquisador Brian Knutson da Universidade de Stanford. Ele fez uma das pesquisas mais recente sobre o "Efeito Doação".

A pesquisa consistia em reunir pessoas que tiveram que escolher entre um iPod e 100 dólares.

Elas acabavam escolhendo sempre o dinheiro (nos Estados Unidos esse era um valor aproximado de um iPod, na época).

Mas, na mesma pesquisa, quando era dado o iPod primeiro e depois oferecido para trocar por 100 dólares, a maioria das pessoas escolhiam o Ipod.

Já existiam outras experiências a respeito do efeito doação, porém quis citar este no livro, pois, Knuston observou a atividade cerebral dos indivíduos. Ele e seus colegas descobriram que há um aumento de atividade cerebral em certos núcleos. Os núcleos analisados foram os que sinalizam quanto gostamos de um objeto, e eles não aumentaram quando lhes foi oferecido um iPod novo. Mas a região insular direita, que sinaliza sobre possíveis perdas, se tornou mais ativa quando o iPod virou *"MEU* iPod".

Você deve pensar que isto não prova nada, pois depende muito da cultura do indivíduo. Porém, Knuston não parou por aí. Analisaram macacos e a resposta foi idêntica.

Reflita: O que tem a ver isso com investimento?

Faça uma pausa e pense sobre esta pergunta.

Volte à pergunta:

O que isso tem a ver com meus Investimentos?

Aí entra o segredo!

Na maioria das vezes, quando compramos uma ação, dizemos inconscientemente para mente:

-Esta é minha ação!

Na maioria das vezes que poupamos, olhamos nossa carteira supervalorizando seu saldo e seu rendimento no investimento realizado. Só porque é seu Investimento.

Talvez porque denominamos como nosso aquilo que adquirimos. Tomamos posse, apegamos-nos. É bem verdade que isso tem ligação estreita com as construções mentais na formação de nossa personalidade. O apegado às coisas, às pessoas, aos sentimentos e que, de certa forma têm dificuldade com mudanças, retém para si aquilo que se tomou posse.

Pronto, já era! Agora você será refém de sua própria Mente e terá dificuldade de vendê-la, mesmo no prejuízo. Ou desfazer do investimento mesmo sabendo que a inflação está deteriorando seu poder de compra do capital poupado.

Pesquisas recentes também mostram que a escolha do investimento é afetada por esse efeito. Parece que se você obteve prejuízos naquela determinada ação, que "era sua", ela deverá te devolver algo.

Cuidado. Isto é apenas uma armadilha de sua Mente. A sua ação não te deve nada! Nunca deveu! Ela não faz parte de algum ser vivo que possui qualquer tipo de sentimento com você. Esqueça isso!

A estratégia especulativa:

-Para escapar dessa armadilha a corretora possui uma ferramenta conhecida como Stop Loss. Para que você não seja influenciado pelo Efeito Doação, você deverá calcular o objetivo do Stop antes da compra da ação.

Assim que executar a ordem de compra, vá em "stop loss" e ajuste o preço máximo suportado pela perda e não mude, a não ser que você queira comprar mais ação neste preço e não vender a mesma.

O uso de stop loss[2] sem nenhum reajuste posterior para baixo, elimina o efeito doação. Esta ferramenta vende automaticamente a ação se ela cair até aquele preço. Não espere que sua mente consiga fazer isso.

Eu consigo, mas já tenho mais de 12 anos de experiência e, mesmo assim, sei o quanto é difícil fazer isto. Eu vendo mecanicamente, pois se depender de meu raciocínio, a minha mente não fará isso.

Efeito Reflexo ou Reflexão

Se eu fizesse a seguinte pergunta a você:

1) Você está em um investimento de Cem Reais e seus ganhos são incertos, mas te dou duas alternativas:

(A) Em 99% dos casos você perde tudo. Mas pode ganhar 30 Mil Reais com 1% de chances de isso acontecer.

(B) Você tem 99% de chances de receber o dobro do valor aplicado (200 Reais); Mas tem 1 % de receber 150 Reais que é 50% de lucro sobre o valor aplicado.

Qual alternativa você escolheria? Provavelmente você escolheria a alternativa B. Já que na alternativa B você irá ganhar 100 % de lucro sobre o valor aplicado ou 50% de lucro sobre o valor aplicado. Ou seja, ganhará sempre.

Quando temos a opção de escolha na faixa dos ganhos preferimos não correr riscos.

Porém quando a perda é quase inevitável o raciocínio se torna enviesado. Agora veja a mesma pergunta, porém trocada de forma a ativar seu instinto de sobrevivência:

2) Eu fiz uma especulação arriscadíssima com 100 Reais. Passados alguns dias o meu saldo estava em 30 Mil reais e queria sair dessa operação fictícia em um investimento, porém o mercado foi contra mim e minha perda ficou quase certa. Mas tinham duas alternativas para saída. Com a condição de obrigatoriamente escolher uma das 2 alternativas para sair desse investimento:

---

2 - para saber mais sobre stop loss, leia o livro "Memórias de um Operador de Home Broker" ou consulte os sites das corretoras.

A. Perco tudo em 99 % dos casos, mas tenho 1% de chances de ganhar o dinheiro de volta, 30 Mil Reais.

B. Tenho 99% de chances de receber apenas 200 reais, perdendo 29.000,00 (vinte e nove mil e oitocentos reais) atuais ou 1 % de receber cento e cinquenta Reais.

Qual alternativa você escolheria?

Provavelmente, como você vai perder muito, você escolheria a alternativa A. Já que na alternativa A você irá ganhar os 30 mil especulativos de volta, com a probabilidade de 1%, ao invés de optar por perder quase todo dinheiro na alternativa B.

Mas onde está o viés?

Volte à página anterior e repare que em ambos os casos, questão 1 e 2, a alternativa A é "receber 30 mil ou perder cem Reais".

Mas quando você optou na questão 1 pela alternativa B, você estava pensando em GANHOS. E quando você optou pela alternativa A, na questão 2, você estava pensando em PERDAS.

A alternativa B das duas questões era receber 200 ou 150 reais. Eram iguais.

Ambas alternativas eram:

A. Não obter lucro nenhum com 99% de probabilidade ou receber 30 Mil em 1%.

B. Obter 200 Reais em 1% dos casos ou receber 150 reais em 99% dos casos.

Você não reparou que eram iguais devido ao que conhecemos como Efeito Reflexão:

Na primeira questão, você ia ganhar, ou seja, "não existia risco à sobrevivência". Então a escolha foi racional. A opção escolhida foi a que tivesse maior probabilidade de retorno, nada mais lógico. Neste caso houve um desligamento de informações primitivas de sobrevivência.

Nós somos avessos ao risco quando o assunto é ganho, mas propensos ao risco quando nosso portifólio está no campo das perdas.

A Mente humana faz a opção por riscos maiores se a sensação de perda é quase certa. Isto ocorre devido ao ligamento de informações primitivas de sobrevivência.

A opção (B) era a que você ficaria apenas com 200 Reais. Só que, na segunda questão, seu saldo de ações tinha alcançado um valor financeiro de 30 mil Reais. Porém, não vendeu antes do mercado cair. Isso fez com que você, caro leitor, acreditasse que provavelmente não iria "sobreviver" no investimento. Só que, como ainda não tinha vendido as ações e o mercado desabou, acabou por escolher a opção (A). Mesmo sabendo que a escolha tem a menor probabilidade de ter ganhos. Com isso teria pelo menos a chance de recuperar todo o capital que nunca foi seu, pois não tinha realizado os lucros. Repare novamente que você só aplicou Cem Reais nas duas perguntas.

Já que sua perda era quase inevitável você optou por escolher "perda com a probabilidade maior", em prol de ter um retorno grande com a probabilidade menor. Por puro instinto primitivo.

Isto explica porque mantemos as ações por mais tempo no prejuízo, assumindo mais riscos.

Estratégia Especulativa
Primeiro Entenda:

Para sua mente primitiva, é preferível não perder Mil reais a deixar de ganhar Mil Reais, independe da probabilidade. Mesmo que a probabilidade dos ganhos seja maior.

Para sua Mente Consciente do lóbulo frontal, você usa a lógica, ou seja, é preferível ganhar Mil reais do que não perder Mil Reais, desde que a probabilidade seja maior no ganho.

Esteja atento quando seu subconsciente estiver atuando enviesando seu raciocínio lógico. E desligue-o.

Use a lógica sempre. A probabilidade tem que estar ao seu favor.

Efeito Disposição

Este é o pior efeito cerebral para o investidor "comprador" de Ações e Opções. Se você é um desses investidores que gostam de comprar ações e guardar, muito cuidado com este efeito.

Este efeito ocorre em sua Mente quando os investidores, que são "compradores", estão no prejuízo em uma operação. Neste caso, os investidores tendem a manter por muito tempo aquele investimento que ocasiona prejuízos e por incrível que pareça, vendem rapidamente aquelas operações que estão no lucro.

Seria racional que, os tempos de investimentos sejam iguais, porém isto não ocorre. Nota-se então, que o investidor tem mais propensão ao risco, no prejuízo, do que no lucro, o que é uma incoerência. Ele fica mais tempo com a ação no prejuízo do que no lucro. Se analisarmos e refletirmos essa forma de operar não faz sentido lógico algum.

Se você aceita o risco quando está perdendo, seria louvável manter o mesmo risco no lucro também.

Qualquer decisão do investidor de vender ou comprar uma determinada Ação ou fazer uma aplicação em renda fixa deve ter uma visão mais racional. Não importa em nada quanto o investidor pagou por determinada ação há um mês para ajudar a decidir se deve vendê-la hoje ou não. Não importa quanto o investidor pagou em uma aplicação em títulos ou renda fixa que o faça mudar de opinião da sua data de retirada ou liquidação. Isto deveria ser decidido antes, no momento do investimento. Utilizando ferramentas automáticas de vendas que estão disponíveis na corretora, conhecida como Stop loss[2] ou respeitando os prazos de liquidação e ou plano de retirada.

Se mesmo assim, o investidor deseje mudar o Stop Loss[2] ou o preço máximo de prejuízo aceitável, ato este não aconselhável por mim, só poderá fazê-lo se o investidor ainda comprar esta ação hoje, pelo preço que está cotada e se aparecer uma oportunidade melhor de investimento ou estar dentro da estratégia previamente estabelecida na entrada do investimento.

Exemplo:

Você está no prejuízo em uma determinada ação e vai ser *stopado*. Você compraria essa ação pelo preço que ela está cotada hoje se tivesse dinheiro em caixa?

Se a resposta é sim, pode-se mantê-la em carteira.
Se a resposta é não, deve vendê-la imediatamente.

É muito comum um investidor comprar novamente todas as ações que algum dia possuiu em sua carteira. E na maioria das vezes, paga mais caro por isso.

A estratégia especulativa:

Existe uma ferramenta pela corretora conhecida como Stop gain, ou seja, você marca o ponto que você deseja vender tal ação. A questão é:
- Se sua ação vai subir, para que vender agora?

Ao utilizar análise técnica você perceberá qual a tendência da sua ação naquele momento. Se a tendência é de alta, você deverá aguardar, mas colocando um preço de proteção caso você esteja errado. Em vez de ajustar o stop gain (venda no ganho) você irá ajustar o stop loss, mas no lucro. Transformado seu stop loss em stop rastreador.

Exemplo da estratégia:

-Comprou a ação a 30 reais, com objetivo em 35 e perda em 27 reais.

-Ajustou o stop loss em 27. E não ajustou em 35 o stop gain.

Sua ação subiu e foi a 35,50. Neste momento você muda o ajuste de stop loss em 35 e vai deixar a ação subir. Caso isso não aconteça, você venderá a sua ação por 35 que era objetivo inicial. Estabeleça agora um novo objetivo, como por exemplo, 37. Quando chegar em 37,50, ajuste novamente seu stop loss para 37 e não venda. Só irá vender se a mesma cair a 37, senão, continue assim, melhorando sua performance.

Efeito Isolamento

Este foi o último efeito estudado e pesquisado por Kahneman e Tversky (1979). De acordo com a Teoria Prospectiva as pessoas acabam descartando informações e componentes importantes que são compartilhados por todas as probabilidades a serem consideradas.

Os investidores têm a tendência de escolher dentre muitos componentes a serem considerados usando algumas propriedades que mais se enquadram ao seu interesse. Isolando todos os outros componentes restantes.

Este efeito é difícil de ser comprovado tendo em vista que após alguns anos de estudo alguns grupos não se mostram mais eliminando informações para seu próprio interesse. Porém há de convir que, mais tarde, você perceberá que o efeito isolamento atua de forma implícita em outro efeito mais explícito e fácil de ser comprovado que é o "viés da confirmação".

O próprio fato do viés da confirmação existir já é uma comprovação clara do "efeito do isolamento seletivo" provocado pelo subconsciente.

Viés da Confirmação

Sabe o que você faz no momento em que você está envolvido em um investimento onde muitos são contra e você não consegue desvencilhar dessas operações?

O que você faz?

Busca informações para saber se você está certo ou errado. Você vai atrás de um número máximo de informações para que saiba se você tem razão. Isto é muito comum.

Mas saiba que dificilmente você irá achar informações que te contradizem, pois na verdade o que você quer é "uma confirmação" que você está certo. Informações diferentes as suas opiniões serão descartadas pela sua Mente sem que você sequer perceba isso.

Essa busca frenética por informações para confirmação de que você está certo se chama:

"Viés da confirmação".

Enquanto sua mente não se convencer que você estava certo, mais informações chegarão e as importantes, que você estava errado, serão descartadas sem que você note. Isto é causado pelo efeito isolamento, onde você isola as informações que melhor lhe convém.

Sabe aquela situação, que ocorre no dia a dia, em que um amigo chega até você e diz:

-Eu tentei te avisar, mas você não me escutou...

Ou outro exemplo:
-Eu te mostrei, mas você estava cego de amor!

Pois é, assim como acontece na sua vida pessoal, também acontece com seus investimentos.

A estratégia especulativa para evitar o efeito isolamento:

É importante estar menos envolvido possível em sua operação. Não especule além do que você suporta.

A estratégia especulativa para evitar o "viés da confirmação":
Antes de entrar em uma operação qualquer, tenha em mente:

- Plano A, entrada.
- Plano B saída.
- Plano C, o que fazer se der tudo errado.

Anote tudo em um papel ou no editor de texto do computador e busque usar ferramentas automáticas como o "Stop loss".

Não deixe de anotar, seja disciplinado. Faça isso antes de se envolver na operação e mantenha sempre um controle de seus resultados.

Seja frio e calculista na busca de informações ou na execução de uma análise. Opere com consciência. Opere o método e não as emoções.

Deixe as emoções para serem resolvidas por você mesmo, mas fora do Home Broker

---

Equilíbrio Emocional

A Bolsa de Valores passa por momentos onde oscila bastante. O mais interessante nessas oscilações são as "euforias de mercado". Alguns investidores ganham demais nessas euforias, mas a maioria perde. A melhor definição para esses casos que li e que define perfeitamente esses momentos sublimes de mercado é:

"Exuberância Irracional".

Isto porque reflete exatamente o que são esses momentos.

Nesses momentos a bolsa sobe sem motivo aparente, ou no pior dos casos, sobe mesmo que indique que "tudo está indo de mal a pior". Ou os preços caem vertiginosamente sem nenhum motivo, ou caem demasiadamente deixando os papéis a preço realmente de pechincha.

O interessante ocorre quando a bolsa está há muito tempo em tendência de alta. Começam a aparecer vários investidores achando que são altamente "experts" no assunto. Muitos escrevem até livros que se tornam Best sellers, mas basta uma reversão profunda na tendência, de alta para baixa, que acabam perdendo metade do que ganharam. Perdendo até o "Status de Milionário", tão falado em seus livros.

Isto ocorre porque apesar do investidor encontrar um bom método, que aqui chamamos de Estratégia, ele não tinha equilíbrio emocional para operar em situações adversas de mercado.

Em meu livro "Invista com Sucesso na Bolsa de Valores" as estratégias foram relatadas com as três situações de Mercado. Alta, Baixa e mercado de lado. Com isso o Investidor pode estabelecer uma estratégia adequada ao momento em que o mercado se encontra.

Porém, existe uma coisa também importante que não foi relatada naquele livro, pois o livro ficaria extenso demais. O que ficou faltando foi o "equilíbrio emocional".

Uma coisa é você ler a operação, estudar a mesma. Após isso, verificar que ela realmente funciona. A outra é você realmente fazer a operação, e ela voltar-se contra você em situações sublimes de mercado.

Alexander Elder, autor de vários livros, em seu livro "O Operador Disciplinado" demonstrou que para um "trader" ser bem-sucedido em uma operação, deverá ter:

- Manejo de Risco
- Método
- Controle Mental

Ele colocou como "os 3 M's" necessários para uma operação bem-sucedida na Bolsa de Valores. Concordo com seu ponto de vista, porém você está percebendo que, quando se trata de controle da Mente Humana, nem sempre quem está no comando é você. Muitas vezes ela "prega algumas peças".

Aproveitando a recomendação do excelente autor Alexander Elder, estarei entrando nesta parte do "Controle Mental", de sua Recomendação. Porém, com outro enfoque já que demonstro nesse livro que o "Controle" da mente é muitas vezes subjetivo.

A partir de agora, veremos o "Controle Mental", não mais como aquela tentativa de controlar seu cérebro e sim de tentar manter um "Equilíbrio". O equilíbrio será sempre importante, pois só assim você estará atento aos vieses e artimanhas da Mente Humana.

Os Amadores acreditam que se achar um Método de Investimento serão bem-sucedidos no mercado. Isto não basta.

Certa vez, na crise do "subprime", a bolsa de valores do Brasil caiu quase 40% em poucos dias. Em menos de um ano. Quem, naquele momento não teve Equilíbrio Emocional, se perdeu nos vieses relatados neste livro. Além de perder todo controle de sua estratégia. Não sabendo o que fazer.

Existe uma infinidade de formas para você fazer um investimento. Você também poderá operar em prazos diferentes. Como Longo prazo, médio prazo e curto prazo. Também existem diversas formas de operações, como por exemplo, Swing Trade, Daytrade, Position, entre outras. Ele pode fazer qualquer uma dessas operações com sucesso, porém não existe nenhum "trader" de sucesso que não mantenha o equilíbrio emocional nos momentos sublimes da bolsa.

Manter o equilíbrio nos momentos ruins da sua vida pessoal é também muito importante para seu sucesso em Renda Variável.

A disciplina também não pode ser descartada, pois ela é quem vai fazer com que você execute o que estava planejado para quando este momento ocorrer. Sem equilíbrio emocional não há como manter esta disciplina. E isto é ruim.

DIAGNÓSTICOS DE FALTA DE EQUILÍBRIO EMOCIONAL

Alguns diagnósticos são fáceis de serem detectados para saber se está faltando equilíbrio, ou não, em sua Mente nos trades. São eles:

1. Se você está culpando alguém, não assumindo sua responsabilidade pela sua operação.

Em tudo na nossa história de vida somos coparticipativos. Se errarmos, se acertamos somos responsáveis, pelo menos 50%. E isso vale para qualquer relação que estabelecemos, nos diferentes seguimentos de nossa vida.

É muito fácil colocar a culpa em alguém. Mas também é muito perigoso para sua carteira de ativos ou para sua poupança mensal. Dizer que sua operação deu errada devido a alguém ou algum fato, não é uma forma adequada para obter sucesso em trades.

Haverá sempre alguém para culpar e isso não te fará rico.

Estratégia Especulativa

Você deve planejar seu trades. Com ponto de entrada, saída e retirada se tudo der errado. 3 planos a serem planejados antes da operação ser realizada.

Assuma as responsabilidades pelos seus atos. Não transfira essa responsabilidade para outras pessoas.

2. Você pediu opinião a alguém ou a algum grupo ou fórum sobre sua operação já iniciada.

Agora você está totalmente inseguro, pedindo opinião para provavelmente alguém que você nem conheça pessoalmente e mesmo que conhecesse, não é uma boa estratégia. Assuma seus erros.

Em estudos realizados, os operadores achavam que deixar de ganhar sozinho "doía" mais que perder em grupo. Isto é um viés que deve ser abandonado, pois não há nada pior do que perder. Tome cuidado para seu cérebro não buscar essa recompensa em situações extremas. Fazendo com que você interaja com outras pessoas para "perder junto com o grupo". Aqui, novamente a ideia de seguir a massa, a maioria.

Estratégia no Investimento

Só peça opinião de métodos que desconheça e queira aprender. Mas sempre de operações ainda não realizadas. Toda operação deverá ter ponto de entrada, saída e retirada se tudo der errado. Deixe tudo automático.

Não se importe com ganhos alheios e nem fique feliz porque todo mundo perdeu junto com você. Isso não irá mudar em nada seu sucesso como operador. Tente agir de forma independente para que sua inteligência não reduza à inteligência do grupo. Pois se agir em grupo seu retorno tenderá a média.

Ilusão de Eficácia

Quem está nos bastidores da bolsa de valores, dentro das mesas de operações, sabe que a maioria dos investidores perde dinheiro. Quando estão fora do investimento de risco, pensam assim. Só que, quando investem, esta grande massa de investidores acha que está ganhando. É um tanto estranho.

O que ocorre é que a grande massa de investidores acredita que não está incluída neste grupo maior. Acha que não está no grupo dos perdedores.

O que sabemos é que apenas uma pequena parcela de todo o universo de investidores realmente leva para casa lucros relativos. Sabemos também que a maioria se ilude na sua performance.

E muitos acreditam que ganharam algum trocado durante o passar dos anos. O que realmente não é verdade. Este efeito de confusão de eficiência e performance é o que nós chamamos de viés da eficiência.

Quando ocorre esse viés, ele mexe diretamente com sua carteira. Não fazendo você perceber que está tudo indo de mal a pior. Portanto, este viés também é bem discutido e não aceito pela maioria dos Investidores.

Existem vários estudos a respeito dele. Inclusive um estudo interno de uma corretora brasileira que obteve valores um tanto significativo em prol da existência desse viés. Os investidores desta corretora tinham uma performance menor que o mercado. E em nenhum momento acreditaram nisso. Ao invés de comprar as ações e deixar paradas, preferiam comprar e vender ativos compulsivamente, tendo um retorno pior do que o velho e bom "Buy and Hold".

Até mesmo o preparado investidor, autor da obra, não passou do crivo de uma pesquisa desse tipo em um determinado momento de sua carreira como investidor. Mesmo se sentindo experiente e hábil no mercado de ações, teve que se preparar ainda mais. Diagnosticando seu problema, melhorou sua performance nos investimentos.

O viés da eficiência é um dos efeitos conhecido na psicologia, causado pela distorção da percepção. E esta distorção ocorre quando excluímos e moldamos certas informações que estão no ambiente. Isto é feito automaticamente, sem a percepção do investidor. É uma forma que seu subconsciente encontra para compensar certos conflitos entre o que nós esperamos de recompensa e o que o ambiente realmente está nos oferecendo.

Outro fator proeminente na formação do viés da eficiência é quando sua mente cria uma "realidade compartilhada".

Esta realidade compartilhada é "criada" pelo investidor devido ao que pensa sobre o ambiente de investimento, em contraste com as reais condições existentes. Poderemos dizer que, desculpando o exagero é claro, como se fosse uma "fantasia" criada pelo investidor sobre sua realidade de performance de investimento.

Pode acreditar. Em certas ocasiões esta "fantasia" se mantém por um longo tempo. Causando prejuízos terríveis em sua carteira.

Porém, as ilusões se deterioram, e "cai a máscara". Isto ocorre no momento em que se torna muito grande a diferença entre o que o investidor acreditava, e aquilo que realmente existe no ambiente real.

No meu primeiro livro eu relatei para os pequenos investidores, que em um momento de crise, o melhor é vender seus ativos e aguardar. No auge da bolsa Brasileira esse relato foi muito criticado. Em 2007 o livro nem era citado. Em 2008, no auge da crise, começaram a aparecer os elogios vindos de leitores prejudicados pela ausência desse conselho. Não lido até então. Investidores que mantiveram seus ativos na crise do "subprime" ficaram com muito menos que tinham antes. E hoje, o investidor que foi criticado por ter escrito algo que ninguém ousou é respeitado.

Nesta crise aconteceu algo muito pior. Os que acreditavam que, os ativos estavam baratos, acabaram indo às compras. Não preciso citar o final dessa história, pois todo mundo já sabe como ficou. Prejuízos e mais prejuízos para o investidor que acreditou na realidade compartilhada.

O viés da eficiência é tão difícil de ser percebido que há relatos de investidores experientes mostrando que continuavam no "caminho certo", mesmo quando sua carteira de investimentos estava com um prejuízo de mais de 25% naquele momento. Indicando que nada ia bem.

Este Investidor nem nota o que está acontecendo. Porém, quando as defesas mentais se partem, cria-se um choque. O investidor começa a pensar como as coisas ficaram ruins tão rapidamente. Na verdade, não foi assim tão rápido. O investidor estava operando inconscientemente e quando sua consciência veio à tona...

Achou que foi rápido! Mas não foi.

É importante entender que o pequeno e médio investidor não tem capacidade de controlar os mercados. Mas tem a oportunidade de controlar sua mente de forma que sua "realidade compartilhada" não interfira no que realmente está acontecendo. Quanto mais próximo da realidade objetiva, mais retorno terá seu investimento.

Como fazer isso melhorar?

Estratégia especulativa:

- Terapia específica.

-Afaste-se da realidade subjetiva. Tente ser o mais objetivo possível. Para isso utilize ferramentas de conceito objetivo.

-Se tratando de mercado de risco, perceba o ambiente de forma lógica. Ou seja, se a tendência é de baixa, o mercado vai cair. Se a tendência é de alta, vai subir. Espere e verá.

-Nas crises:
Está comprado => caia fora antes que o barco afunde.
Está vendido => venda mais.

-Use a ferramenta de análise gráfica. Ela permitirá ver qual a tendência está o mercado.

Se quiser se aprimorar sobre o assunto leia "Invista com Sucesso na Bolsa de Valores" e descubra as tendências de forma simples e objetiva. Usando softwares gratuitos para análise gráfica.

Ilusão de Controle

Pode parecer absurdo, mas quem opera sabe que muitas vezes você acha que está no controle de uma situação ou sabe exatamente o que vai ocorrer no mercado. Isto não passa de mais uma ilusão cognitiva muito conhecida pelos psicólogos das finanças comportamentais.

Pessoas que operam com a utilização de gráficos declararam que viram acontecimentos impossíveis de serem previstos através da análise gráfica. Alguns "grafistas" disseram ter visto que algo importante ia acontecer um dia antes do atentado de 11 de setembro. Gráficos não servem para isto. Eles são utilizados para analisar tendências. Verificando se o Mercado está acima da média ou não. O resto é pura ilusão de Controle.

Quando estamos com um resultado tão significativo no curto prazo achamos que dominamos o mercado. Achamos que sabemos exatamente o que estamos fazendo, apenas com os resultados de curto prazo. Porém, com o passar do tempo a maioria dos ganhos, de um investimento em renda variável, tendem a média de mercado.

Se você ganhou muito agora, a tendência é que seus ganhos se ajustem no longo prazo. É muito difícil atingir um desempenho maior que o índice do mercado, o IBOVESPA. São poucos investidores que atingem essa performance no longo prazo. No curto prazo é fácil, mas no longo prazo é muito difícil.

Cada um de nós tem uma história para contar de nossas vidas e do nosso aprendizado financeiro no decorrer da mesma. Alguns investidores sofrem bastantes dificuldades nas operações via Home Broker, outros estudam arduamente o mercado em troca de uma melhoria de desempenho. Muitas vezes têm prejuízos ou desgastes com essas operações, mas sempre se retiram boas histórias para lembrarem disso tudo.

Escrevendo este texto me lembrei de um acontecimento.

Uma vez, um investidor individual, conhecido em nosso meio estava obtendo lucros absurdos em sua carteira. Ele ficou tão entusiasmado com os resultados que até montou um site com seus "indicadores" e "coaching"[3] de investimentos. Ele enviou propagandas do seu site, estava montando um clube de investimento etc. No seu site ele mandava comprar determinadas ações com um preço-alvo próximo.

Como o mercado estava em alta por alguns meses e ele estava a favor da tendência, na compra, ele atingia seus objetivos, na maioria das vezes. Quando errava, era só aguardar, e esperar que o mercado fizesse todo o resto, pois o mercado estava em alta.

Eu participava de uma comunidade em um site de relacionamentos, quando me deparei com a propaganda do site deste investidor infeliz. Logo, entrei em seu site e em seguida, alertei que estava tudo errado, pois ele não tinha uma contra estratégia, não usava Stops caso tudo desse errado e não operava com análise técnica, que é imprescindível para curto prazo. Para piorar, só operava em um sentido, na compra e nunca na venda.

Assim que o mercado reverteu, de alta para baixa, seus indicativos de compra começaram a "pipocar". Para piorar, ele mudou o prazo dos objetivos, de 7 para 30 dias. O mercado continuou caindo e ele se deparou com um dos maiores prejuízos que eu já vi em minha vida de investimentos.

Esse é um exemplo clássico de "ilusão de controle".

---

3 - *Utilizado no campo da economia como um indicativo de compra e venda, ou uma análise bem detalhada de um determinado ativo ou setor. Normalmente feito por um especialista.*

Eu dizia a este infeliz investidor que ele só operava no curto prazo na ponta compradora, sendo assim, só poderia ganhar quando a tendência fosse de alta. Quando revertesse a tendência para baixa ele teria prejuízo no curto prazo.

Como ele estava com a "ilusão do controle e do conhecimento", não me escutou e ainda ficou zangado. Depois dos prejuízos pediu desculpas e até comprou o meu livro "Memórias de Um Operador de Home Broker" para tentar aprender mais com os erros dos outros.

O cientista Weinstein (1980) revelou que mais de 90 % das pessoas "fantasiam" demais suas habilidades e possibilidades. Eles acreditam que podem fazer melhor do que realmente fazem. Outro estudo feito por Odeam (1998) mostra de forma clara que os investidores não conseguem vencer o mercado, ficando abaixo da média, ao contrário do que eles realmente acreditam.

Segundo Odeam, os resultados são impressionantes. Após analisar milhares de transações feitas por indivíduos nas corretoras. Descobriu que a maioria dos investidores que venderam uma ação e comprou outra logo em seguida, tiveram lucro menor do que se não tivesse feito nenhuma operação, mantendo apenas a ação que estava se valorizando inicialmente.

Os valores foram de 3,4 % a menos em um ano para cada investidor. E o estudo nem considerou os gastos com as corretagens, imagina se considerasse.

Pessoas acabam vendo padrões onde não existem e possuem um excesso de confiança em seus julgamentos sobre eventos em que não possuem domínio.

Outra experiência interessante e que pode ser realizada por qualquer pessoa é a experiência das formigas. Estudo feito com formigueiros verificou que as interações coletivas ocorrem com estes animais também.

Foram colocados dois montes de açúcar próximo ao formigueiro. Os montes eram iguais e na mesma distância. De certo modo a maioria das formigas adotava um monte de açúcar, em detrimento de outro monte, onde ficava a minoria. Em um determinado momento havia uma mudança de escolha no monte sem que houvesse nada de novo. Apenas as formigas interagindo.

Isto ocorre com as tendências de mercado. De uma hora para outra há uma reversão de baixa para alta sem nenhum motivo aparente, apenas um movimento coletivo inconsciente.

Enquanto estamos ganhando, parece que dominamos o mercado. Parece que sabemos de tudo sobre ele. Parece que nada pode nos deter. Mas não é nada disso.

Se você ganhou, parabéns. Mas saiba que isso aconteceu porque você estava a favor da tendência. Ou seja, estava comprado e a tendência era de alta. BINGO. Estava vendido e a tendência era de Baixa. BINGO. Somente isso.

Estratégia especulativa:

Se você gosta de operar no curto prazo, comprando e vendendo ações, estude análise técnica, pois você não deve e não pode operar contra a tendência de mercado.
Caso teve um ganho em uma operação, parabéns pela sua sorte. Mas não dependa somente dela.
-Na tendência de alta, compre.
-Na tendência de baixa, venda.
E use o Stop Loss[2], pois você não está no controle da situação. *Ou, pelo menos, tenha uma estratégia de saída, caso o mercado se volte contra sua operação.*

Alguns novatos em bolsa sofrem com esse processo de forma muita agressiva e agravante. Após alguns ganhos absurdos, no início de sua carreira, voltam a devolver tudo para o mercado e muito mais que conseguiram.

Existem relatos de pessoas que ganharam no início de suas carreiras de investidores quase 1000% em alguns dias e depois perderam tudo instantaneamente. Vários agravantes ocorreram para piorar sua condição psicológica do momento.

Certo investidor, no início da carreira de aplicador pelo sistema Home Broker, aplicou 5 mil Reais no mercado de derivativos, especificamente em Opções. Após 45 dias de ganhos elevadíssimos chegou a quantia de 45 Mil Reais com aqueles 5 Mil aplicados inicialmente. Fez tudo o que "manda o figurino" e realizou lucros. Fechou assim sua operação em 40 Mil Reais de lucro. Nada mal para um iniciante.

O problema foi que, ao ter esse lucro absurdo, ele obteve a "Ilusão de Controle" causado pelo seu grande retorno inicial. Com isso, se tornou um *gamble* *, que são pessoas que operam compulsivamente como se tivessem em um cassino. Um *gamble* é aquele jogador compulsivo que perde mais do que ganha, pois já se sentiu um vencedor em algum momento e deseja em seu íntimo se sentir novamente assim. Mas acaba pagando um preço muito alto por isso.

A compulsão é um comportamento de difícil controle e costuma aparecer ou deslocar-se de um "hábito" para outro. Aqui alguns deles: consumo, bebida, sexo e jogos, dentre outros. Estando esses alocados num comportamento do espectro obsessivo-compulsivo. Isto significa que se parte de um pensamento obsessivo, insistente e a ação que é a compulsão. O modo como vemos tudo parte do pensar.

O resultado do ocorrido com esse investidor foram várias perdas após esse primeiro ganho e após 8 anos de investimento ainda não recuperou tudo que perdeu. Inclusive tal compulsividade causou mal-estar entre amigos e família. Pois uma das suas grandes perdas ocorreu próximo ao aniversário de sua filha, o que causou sérios problemas familiares na época.

O mercado é maior que você. E ele nem sabe que você existe. Ele não te deve nada e nem vai te devolver o que você perdeu. Invista com consciência e pare de "jogar com o seu dinheiro". Ou melhor: pare de "jogar" seu dinheiro fora.

Ilusão do Conhecimento

Quando adquirimos o conhecimento de determinado fato talvez tenhamos a percepção errônea de um controle que não existe. A busca incessante pelo conhecimento irá te levar a ilusão de controle já citada no capítulo anterior.

A ilusão do conhecimento e a ilusão de controle estão correlacionadas. Mas resolvi separar essa ilusão, pois a busca incessante pelo conhecimento de tal fato, notícia ou boato de uma determinada ação não passa apenas de uma ilusão muito conhecida pelos cientistas das finanças comportamentais.

A "ilusão do conhecimento" ocorre quando aumentamos a percepção de controle devido ao acesso cada vez maior de informações sobre uma determinada ação ou investimento em que estamos aplicando. Os investidores acreditam que suas previsões serão cada vez melhores quanto maior for o número de informações adquirido sobre um determinado ativo investido. O que é uma ilusão.

O fato de acessarmos as informações demasiadamente, não implica necessariamente que seja possível prever com exatidão o resultado de um investimento em renda variável. Na maioria dos casos, as várias informações adquiridas são iguais às já existentes ou pior que isso, pode ser proveniente da mesma fonte. Mais uma vez temos um caso clássico de indivíduos que têm a ilusão de poder influenciar eventos por muitas vezes incontroláveis.

Estratégia Especulativa

-Evite a busca de informações em excesso. Lembre-se que a fonte pode ser a mesma.

- Comece a "filtrar" as fontes de informação. Comece a guardar nos favoritos do seu navegador os sites das empresas com suas respectivas áreas de relacionamentos com os investidores.

- Não dê demasiado valor a fórum e sites de relacionamentos se o assunto é uma informação sobre o ativo. Procure utilizar os fóruns e sites de relacionamentos como troca de experiências e não como consulta adequada de informações de um determinado ativo.

- Procure "opiniões contrárias". Mas não exagere. Mesmo estas opiniões contrárias podem ter sido influenciadas pelos formadores de opiniões de mesma fonte.

- Se o investimento for para longo prazo reflita sempre antes de agir.

Viés da Sobrevivência

Este viés é mais comum em mercados de fundos de investimento. Os fundos criam vários produtos com a intenção de ultrapassar os índices de mercado, como por exemplo, o IBOVESPA. Como o mercado de renda variável é extremamente volátil e no longo prazo existem chances maiores de sucesso de uma parte destes fundos, tentam sobreviver no mercado abrindo todos os anos vários fundos. Aqueles que batem o mercado continuam ativos e estes são usados como propaganda da empresa de investimento. Aqueles que não batem o índice são descartados de forma discreta e uma parte de seus ativos vitoriosos são incorporados em algum fundo vencedor. Simplesmente há uma busca pela sobrevivência, antes mesmo que haja qualquer risco aos ativos.

Quando comparamos seres humanos em relação ao nível de preocupação que cada um tem pela sua sobrevivência temos resultados bem estranhos. Às vezes encontramos pessoas muito abastadas que ficam mais preocupadas com a ocorrência de um evento que poderá mudar sua renda, como uma guerra, por exemplo, e contrastamos com uma pessoa que de certo modo seria muito mais afetada por esse evento e que sua preocupação não afeta em nada sua escolha do investimento.

Este medo tem, muitas vezes, a origem na infância, quando por um motivo qualquer, uma falta de cuidado ou zelo de seus pais deixou aquele, que era totalmente dependente, passar por uma situação de desconforto, de origem financeira. Isto faz com que seu subconsciente exagere na forma de abstração do problema para se proteger emocionalmente de algo que seu inconsciente não quer reviver.

É como se fosse uma autoproteção, mas sem qualquer lógica e sim de base emocional gerando pensamentos ocultos que interferem na sua tomada de decisão.

Estratégia especulativa:

Verifique se alguma decisão sua de investimento é enviesada devido a esse viés do processo cognitivo. Proteja o investimento, mas busque o lucro.

Viés do Status Quo

Quanto mais complicado fica uma tomada de decisão ou quanto mais difícil seja o problema que você está enfrentando maior a probabilidade de não agirmos de forma adequada ou até mesmo ficarmos estáticos.

Quando recebemos uma herança ou um portifólio de ações temos a primeira impressão de estar no caminho certo, aplicando de forma correta. Porém, se foi uma herança, não foi você que aplicou desta forma. Essa vontade de deixar tudo "do jeito que está" é um viés conhecido na psicologia do comportamento cognitivo.

É criada certa forma de apego no portfólio em que você recebeu que causa uma paralisia de movimentos na realização de lucros ou proteção de prejuízos.

Em 2007, Maciel Strapazzon em sua monografia, fez uma série de questionários com universitários Brasileiros. Seu objetivo era encontrar resultados que obtivessem similaridades com o primeiro estudo da psicologia realizado em 1988 sobre o viés do Status Quo. Samuelson e zechhauser escreveram um artigo nessa data.

Este efeito pode ser sintetizado como a característica que as pessoas têm ao tomar uma decisão. Acaba dando preferência a situação atual. "estado atual".

Fazer uma mudança de um estado atual é algo muito difícil. Principalmente se a mudança é para algo que tenha o mesmo nome ou o "status" seja semelhante. Algumas experiências foram feitas. Uma que chamou muito a atenção na época foi realizada em Havard. Foi oferecido para todos os professores um novo plano de saúde. Os professores novos aderiram em proporção muito maior que os professores antigos que já possuíam outro plano inferior.

O "status quo" está entrelaçado ao conceito de aversão à perda. Pois é a partir daí que se cria determinada aversão. A aversão à perda só é ocasionada pelo "viés do status quo" quando esta ocorreu da relutância de mudar o estado anterior.

O indivíduo conservador, de valores rígidos na sua personalidade e avesso às mudanças parece fazer parte desse perfil.

O Dr Stephen Fleming da Universidade da Califórnia, nos Estados Unidos, coordenou um estudo que analisava o processo de tomada de decisão dos participantes. Eles tiveram seus cérebros rastreados por um equipamento de ressonância magnética. (fMRI).

"Quando se deparam com uma decisão complexa, as pessoas tendem a aceitar o status quo". Daí o velho ditado:

- ‹Na dúvida, não faça nada›. (ou fique com o que já conhece ou pense conhecer)

Explicou o Dr. Stephen Fleming.

Isto ocorre o tempo todo. Quando queremos comprar uma nova casa, um novo carro, mudar o canal de TV, nós somos pressionados pelo nosso cérebro a não fazer nada.

Este comportamento é menos presente naquele de perfil mais ousado, que se lança, sem cerimônias, ao novo. Se você reluta pelo novo, pelo risco, pela uma infinita gama de possibilidades, você é um conservador e preso ao que já conhece e que te dá uma sensação de zona de conforto. Mudar é difícil.

Certa experiência fez com que os participantes ficassem vendo na tela do computador lances de uma partida de tênis. Para isso, deveriam manter uma tecla apertada constantemente.

A função deles era decidir se a bola havia batido dentro ou fora da quadra. Em cada lance, eles viam uma decisão e deviam confirmar ou rejeitar.

Para validar a opção, os participantes deveriam apenas continuar pressionando a tecla. Assim eles validavam a opção que já existia, mostrada no computador. Para discordar, eles tinham que soltar a tecla e apertar outra.

Nos resultados houve uma tendência maior na decisão padrão que já era mostrada pelo computador. Este tipo de teste levou a vários erros de decisão.

Quanto mais difíceis eram as decisões, mais o viés do "estado atual" ficava evidente e o número de erros maior.

Isto explica porque os candidatos à Presidência se reelegem com mais facilidade do que tiveram para se eleger na primeira vez.

Aqui no Brasil houve grande resistência inicial à candidatura de Exmo. Luiz Inácio de Silva.

Ele era representante de um caminho desconhecido, no panorama político. Depois de alguma insistência em recandidatar-se, e a boa campanha política ele chega à presidência da República do Brasil. Seu índice de popularidade foi se elevando. E nesta zona de conforto mantemos a continuidade do seu governo ao elegermos a ex-ministra, a Exma. Sra Dilma Rousseff, dando uma clara evidência à tendência do "status quo".

Passada a eleição, verificamos nas ruas as mesmas pessoas que votaram na continuação do governo criticar a situação do país. O que é contraditório. Mas isso é facilmente explicável pelo viés do "status quo", onde as pessoas mesmo insatisfeitas com determinada situação escolhem por manter tudo como está ao invés da tentativa de mudança.

Assumindo mais Riscos

Este capítulo não irá tratar necessariamente de um "viés". Estarei relatando um erro clássico dos "trades" que é estar na maioria das vezes aumentando seu risco quando estão em uma posição perdedora. É importante perceber que a "aversão à perda" está relacionada a esse comportamento enviesado do seu investimento.

Devemos estar atentos que "assumir mais riscos" não é "assumir riscos". Assumir riscos não é ruim, muito pelo contrário, o rendimento está interligado ao risco de forma diretamente proporcional. Quanto maior o risco maior a oferta de rendimentos altos.

Quando assumimos um risco qualquer em um investimento, este é previamente calculado. Deixamos a emoção e os vieses de lado, pois ainda não assumimos nenhuma posição. Porém, quando em uma posição de perda, a maioria dos "trades" muda seu comportamento, aumentando ainda mais o risco que tinha sido calculado no início do investimento. Com isso, eles perdem em performance, fazendo com que seus resultados piorem ainda mais.

Em uma pesquisa verificaram que os Trades que obtiveram prejuízos na parte da manhã aumentaram seu risco na parte da tarde. Após algumas perdas iniciais no período diurno, tiveram um comportamento enviesado aumentando sua posição perdedora ainda mais e consequentemente aumentando os prejuízos[8].

Quando assumimos "mais riscos" em um investimento na perda não estamos seguindo uma estratégia previamente calculada. Muito pelo contrário, estamos destruindo a estratégia. Alguns especuladores, como George Soros, por exemplo, assumem mais riscos, mas fazem isso no ganho e não na perda. É muito comum, George Soros indicar ao seu fundo a "alavancagem" de sua posição quando a mesma está no lucro e demonstra que sua percepção de mercado estava correta.

- Faça uma posição de 1 Bilhão na Empresa X! Se ela estiver no lucro compre mais 1 Bilhão!

Frase muito comum de George Soros ao seu administrador de Fundo.

Porém, vale ressaltar que ele ou qualquer outro grande especulador de sucesso "bate em retirada" rapidamente na perda.

Este é o raciocínio correto e que deve ser seguido por quem pretende ter ambições na bolsa de valores.

Estratégia Especulativa

-Podemos assumir Riscos se estes forem previamente calculados antes do Investimento.

Tenha sempre 3 planos:
- O plano A que é a entrada do Investimento.
- O plano B é o que você vai fazer se tudo correr como planejado.
- E o plano C que é quando o mercado está contra você. O plano C deverá ser feito antes do fato ocorrido. Não altere o plano C em hipótese alguma. Siga a estratégia friamente, pois esta foi calculada antes do ocorrido..

A Compulsão

Deixei para o fim esse tipo de efeito, pois talvez você nunca tenha passado por esse processo. Ao contrário de todos os efeitos relatados, este não é um problema que atinge a todos os investidores pessoas físicas. Assim espero.

Mas saiba que eu já passei por isso e foi difícil de perder tal compulsão.

É importante também saber que você não está livre de adquirir tal compulsão.

Ao contrário de outros vieses e alterações psicológicas, a compulsão ou "o processo compulsivo", é um processo pessoal e de difícil diagnóstico pelo próprio operador.

Ela ocorre devido a vários fatores, como por exemplo, excesso de trades[4], ganhos excessivos no início de sua trajetória do investidor, operações alavancadas, ganhos expressivos em pouco espaço de tempo e distúrbios psicológicos causados

4 – Trades: negócios e operações de compra e venda feita em bolsa com intuito de obter ganhos rápidos, normalmente aproveitando a tendência.

pelo não reconhecimento pessoal na infância pelos seus entes queridos. Além de inúmeros outros fatores relacionados à psicologia que causam a compulsão de diversos tipos.

O acesso constante ao Home Broker é o elemento causador da compulsão.

A compulsão se torna maior com o mercado em alta, o que é totalmente inverso do que as pessoas imaginam. Ou seja, ocorre mais quando tudo está muito bem, devido ao fato de você não querer estar de fora nesse momento. Pode ocorrer também nas perdas. Mas as perdas provocam afastamento das operações e isso ajuda no controle da compulsão.

Essa compulsão atinge o seu ápice nos momentos de euforia de mercado. A compulsão ocorre na alta, mesmo para aqueles investidores que adoram operar vendido, que é uma estratégia excelente para o mercado em baixa.

O investidor é pego acessando o Home Broker em qualquer lugar, e a qualquer momento. Existem exemplos de empresários que paravam de fazer o que estavam fazendo a cada 10 minutos para entrar no HB. Faziam de tudo para verificar sua carteira. Outros relatos de operações compulsivas em estudantes universitários, que no meio de sua aula, acessavam o Home Broker através do celular. Atrasavam entregas de trabalhos, desfaziam compromissos com amigos para ficar na frente da tela do computador. Algumas vezes vão às festas e não param de pensar em "bolsa".

O investidor compra e vende sem nenhum critério achando que é maior do que o mercado.

Conheci alguns operadores que operavam compulsivamente, principalmente com opções. Começaram a favor da tendência e ganharam muito dinheiro inicialmente. Bastou uma reversão de mercado mal diagnosticada para devolver tudo e muito mais. A maioria abandona o mercado precocemente após as perdas.

Normalmente, a melhor forma de diagnosticar é com a psicoterapia. Em casos extremos somente a psiquiatria cura, com o uso de psicotrópicos adequados. Esteja atento aos seus entes queridos, que começam a reclamar de seu comportamento. Veja se eles não estão realmente reclamando com razão.

Algumas pessoas sonham com operações de perdas e ganhos. Tendem a dar muito valor a sua carteira mais do que ela realmente representa. O fato de sonhar, não é o problema. Mas você se sentir angustiado após esses sonhos, e ter pesadelos com o tema, ter sintomas de sudorese é um diagnóstico de sua compulsão.

No Brasil, algumas corretoras fizeram, por conta própria, uma pesquisa na sua base de clientes "pessoas físicas" e verificaram que cerca de 10% dessas pessoas operavam intensamente no Home Broker. Uma parcela destes investidores operava sem nenhum critério, causando muitas vezes prejuízos, destruindo seus ganhos iniciais através dos tempos.

O maior caso diagnosticado pelos psicólogos é a compra compulsiva, onde o investidor compra a ação sem sequer saber o que a empresa faz.

Se você é um investidor de ações ou opções e esses excessos de operações estão atrapalhando o trabalho, o estudo e sua vida social, você deve se afastar do Home Broker por um bom tempo e consultar um psicólogo, caso esta compulsão não diminua. Vai ser o melhor investimento para sua carteira de ativos.

O acesso constante deverá ser evitado pelo operador com esses sintomas relatados, pois ele é o maior causador de compulsão.

A compulsividade é uma característica da personalidade do indivíduo que pode ser deflagrada por um estímulo externo, mas ele já possui tal característica. Abandoná-la requer esforço e muita disciplina. Sobre comportamento compulsivo ligado ao provável ganho de capital, isso pode ser bastante difícil de conter.

A psicoterapia cognitivo-comportamental vem mostrando sucesso no tratamento dos transtornos ansiosos do espectro obsessivo compulsivo (compulsão). Com ajuda medicamentosa orientada por profissional de psiquiatria este transtorno ansioso costuma responder bem. A psicoterapia passa por um processo educativo no que concerne a mudança de pensamento e basicamente o enfrentamento e a evitação do comportamento compulsivo.

Lembre-se:

"Existe vida além da Bolsa. E você nem precisa acreditar nisso."

Estratégia Especulativa

Evite o acesso constante ao Home Broker.
Se você trabalha operando no Home Broker não é possível evitar tal acesso. Nesse caso, o operador deverá ter uma estratégia definida para as três situações de mercado:

Alta, baixa ou volatilidade (de lado ou indefinido).
Tais operações deverão ser planejadas, antes do acesso ao Home Broker e antes de consultar os indicadores diários, para evitar assim possíveis abusos ou excessos causados por você mesmo.

Outra estratégia utilizada é o pedido de um constante monitoramento por um "gerente de Investimentos" que ficará "acima" de suas operações, monitorando o risco, para qualquer momento diminuir sua posição. Assim, o gerente evitará um excesso de alavancagem de sua carteira ou até mesmo dará um simples telefonema que fará você "voltar ao planeta terra". ☺

Algumas corretoras já possuem esses gerentes sem custo adicional. A pedido do investidor, o gerente poderá monitorar o risco de acordo com a situação de mercado. Monitorando assim, seu risco de acordo com as garantias depositadas. Esse gerente normalmente nota possíveis mudanças de comportamento de suas operações. Ele ligará para você quando suas operações não refletirem suas atitudes normais ou simplesmente bloqueará suas operações alavancadas, diminuindo "a sua classificação de risco".

Assim, ele impedirá um "estrago" maior em sua carteira. Consulte sua corretora.

Estudar é Importante!

Este final é uma reflexão sobre tudo que foi descrito neste livro.

Em um estudo sobre o Efeito Isolamento[9], os autores Pablo Rogers, Verônica Favato e José Roberto Securato, chegaram à conclusão que indivíduos possuem limitações para exercer plenamente sua capacidade racional. Com isso a tomada de decisões é afetada. O Estudo relatado é interessante, pois mostra que mesmo o investidor tendo se preparado ainda assim continuava com os vieses relatados neste livro.

Não importa se o indivíduo possui grau de instrução mais alta. Os vieses permanecem.

Quando perguntamos ao investidor experiente o que é necessário para um bom resultado na bolsa de valores, a maioria irá responder que para melhorar sua performance é muito importante que o investidor estude e se prepare.

É imprescindível para o investidor de risco que se qualifique e saiba o que está fazendo. Porém, isso que eu afirmei até agora no parágrafo acima não tem qualquer comprovação científica. Ou seja, é apenas minha opinião.

Pois cientificamente está provado que o grau de instrução e preparo não influenciam no resultado da performance dos investimentos. Desconheço estudos que indicam que se você fizer um curso, ler um bom livro, estudar Análise Fundamentalista e ou Análise Técnica irá melhorar a sua performance como investidor.

Então, a única forma de melhorar sua performance de investidor é você melhorar-se como investidor. E o fato de você ter estudado mais, ter lido esse livro, ou outro de excelente qualidade, não irá fazer com que você ganhe dinheiro a não ser que melhore como investidor.

O mais ousado, aquele desafiador parte com mais segurança interna nos empreendimentos de qualquer estirpe somando-se ao fato de se perceber por fora, reconhecendo quando pode estar caindo nas armadilhas da mente.

E para melhorar-se como investidor é preciso que você abandone esses vieses comportamentais. Pois eles têm a maior relevância em seu investimento.

Quesitos como "luta e fuga", que são bases dos seus instintos primitivos, farão com que você a todo momento mude seu raciocínio lógico tomando decisões enviesadas que não estavam previamente estabelecidas.

Estou chegando ao fim deste projeto. O meu primeiro interesse na divulgação deste livro é promover o investimento na bolsa de valores e meu segundo interesse é mostrar ao investidor que não basta apenas você se qualificar como investidor. É importante que você "se qualifique" por dentro.

È imprescindível que você melhore, que você lute contra seus vieses. Contra suas limitações. Dito isso, o caminho se torna cada vez mais difícil, mas não impossível.

Espero que tenha gostado da leitura do mesmo. Tenha certeza que a maioria dos vieses relatados neste livro eu "senti na carne" e hoje não estou livre deles, mas mantenho o controle sobre os mesmos.

Assim, sou um investidor muito melhor do que eu fui. E quem diz isso é minha carteira de investimentos, não eu.

Em algum momento me veio a lembrança o livro "Quem mexeu no meu queijo", de Spencer Johnson, M.D, onde se preceitua lançar-se ao novo e não insistir no infrutífero.

Ao compartilhar o conhecimento desta obra, verifiquei uma forte influência no nosso mundo psíquico em tudo o que estamos envolvidos, nos mais diversos seguimentos de nossa vida.

Entendo também que o tipo psicológico tem estreita relação com tudo o que fazemos. Tive um paciente que era bastante conservador, muito avesso a qualquer tipo de mudança e que ficava conjeturando entrar no mercado de ações. Era um sonho e talvez um passo largo para trabalhar uma mudança interior de maneira simultânea.

Armadilhas da mente existem o tempo todo. E aprender a reeducar a mente para que não caia nelas é trabalho de constante vigilância. Mas acredite, isso é possível e depois fica automático.

Crenças Limitantes

Desde a infância, somos obrigados a aceitar determinadas verdades.

Nós aprendemos como "o mundo funciona", usando um ponto de vista só nosso. Um Modelo de Mundo. Seja através dos nossos pais, dos companheiros, ou quem sabe, através da escola ou da mídia. De certa forma, nós aprendemos que nossa crença em determinado tema é verdade. Mas há uma verdade superior para substituir o seu conhecimento, que a partir de agora ficará obsoleto.

Nós somos capazes de atrair para nossas vidas qualquer coisa que desejamos. Entretanto, mantemos padrões, pensamentos e crenças limitantes que agora, por hora, estão entrando em nossos caminhos.

Por um lado, nós afirmamos, para o subconsciente, que somos ricos e abastados. E isto é verdade. Mas, por outro, nós não nos permitimos entrar e conseguirmos plenamente a abundância em nossas vidas. Isso não pode ser corrigido, a menos que deixemos ir embora a nossa parte limitante, aquela parte que acredita na escassez e nos limites criados pelo homem.

Se você não se lembra, ou nunca ouviu falar nisso, a Programação Neuro linguística (PNL) trabalha com o conceito que nós não percebemos o mundo e os estímulos que nos rodeiam de uma maneira direta e perfeita. Nós "escolhemos" o que registramos de dada situação, percebendo alguns detalhes e omitindo ou distorcendo outros. A importância e sentido que atribuímos às situações também vão variar de uma pessoa para outra.

As crenças são originadas e estruturadas em sua grande maioria na primeira infância (isso tanto as positivas como as limitantes). É comum a psicologia atribuir, a base das nossas crenças, como se estabelecendo até cerca dos 7 anos de idade.

É claro que acontecimentos posteriores podem ir modificando-as. Por exemplo, não conhecemos quase nenhum adulto que ainda acredite em "Bicho-Papão". Mas, mesmo assim, algumas crenças continuam vivas e presentes dentro de nós. Elas permanecem ali, com a mesma emoção e significado, que adquiriram no momento de sua formação.

Essas crenças estão ligadas a como vemos a nós mesmos, ao mundo e ao futuro. Fazem parte da nossa construção enquanto pessoa e ficam ativadas para qualquer relação em que esta pessoa estabeleça com o outro. Ou seja, com o que está fora de mim.

Se for cercada de cuidados exagerados, pode entender que o mundo é perigoso. E se sentir insegura quando chegar a hora de interagir com os outros. Isso pode ter um desdobramento e afetar alguns seguimentos da sua vida social, profissional e afetiva.

Quando isso acontece dizemos que o indivíduo tem uma crença disfuncional, que não corresponde à realidade. É bom ressaltar que, a minha visão passa pela visão que tenho de mim mesmo, sendo de praxe uma interpretação subjetiva do outro.

Muitas vezes, as pessoas bem-sucedidas ou com a vida afetiva estável, se deparam com situações aparentemente simples, mas com as quais não sabem lidar. Às vezes agem «como se fossem crianças».

Alguns exemplos comuns são:

- O medo de falar em público.
- Sentimento de ciúme sem qualquer fundamento. Mesmo o dono da emoção sabendo disso.

Na infância, nem sempre o que foi dito é o gerador da crença limitante. Nesta fase temos uma forte identificação com adultos significativos. Muitas vezes, os adultos têm os sentimentos limitantes. E então, a criança percebe e introjeta. Acaba sentindo essas crenças como se fossem suas.

Não é uma maneira única ou certa de entender ou codificar o mundo em nossa volta. Existem tantas maneiras diferentes de ver o mundo da mesma forma que existem pessoas diferentes.

Algumas experiências de vida são bastante significativas. Isso me faz lembrar dois casos bastante expressivos, onde alguns de meus clientes trabalharam o medo de serem rejeitados.

Sabendo que as nossas crenças têm origem na nossa infância, mas que estão ativadas durante a nossa vida adulta. Dependendo da crença que temos sobre nós, o outro e o futuro, procuraremos, sem que percebamos, revalidar essas crenças. Como se colocássemos armadilhas para, assim, reafirmarmos que estamos certos.

Lembro-me de uma cliente que não tinha "muita sorte com os homens". A armadilha que ela própria criou para reafirmar tal crença acontecia na medida em que se interessava por indivíduos, de certas formas improváveis como parceiro: homens comprometidos, padres, residentes no exterior etc.

A compreensão que ela tinha é que era rejeitada, o que acabava por reforçar a sua baixa autoestima. Vejam a armadilha que ela montou, sem que percebesse, que acabava por tirar a conclusão de que ela não tinha sorte no amor.

Outro caso foi de um cliente do sexo masculino com ansiedade social, o qual apresentava. Tinha muita dificuldade no contato com pessoas. Ele pensava que não era suficientemente inteligente e que falaria bobagens numa roda de pessoas. Essa crença fazia com que evitasse se aproximar, pois imaginava estar sendo avaliado negativamente pelos outros e foi se isolando do meio social. A armadilha criada por este era a de se manter isolado.

As pessoas não o procuravam mais, justamente por este ter comportamento refratário ao meio social.

O trabalho psicológico nos dois casos foi mostrá-los, através da técnica de questionamento socrático[5], dentre outras, que o comportamento que apresen-

5 – **Questionamento socrático**: *técnica empregada e psicoterapia cognitivo-comportamental a qual leva o indi-*

tavam gerava situações que eles acreditavam e assim poderiam reafirmar a crença que tinham de si próprios: "*ninguém gosta de mim*".

Entendamos então, que vai depender de como pensamos, a nossa interpretação do mundo. E é importante ressaltar que primeiro pensamos, sentimos e nos comportamos.

As crenças são pensamentos que geram sentimentos e se desdobram em comportamentos (ação) de maneira cadenciada. Se "aprendemos" que o dinheiro não traz felicidade, que seria de certo modo ruim podemos criar armadilhas que validam essa crença e assim ela se mantém ativada. Um sabotador interno se encarregará de provar isso pra nós mesmos e posso estar assim travado a ter sucesso no mundo dos negócios ou no que mais der ganho de capital.

Às vezes, quando nos lembramos de algo, os sentimentos negativos voltam à tona.

Raiva, mágoa, ressentimento retornam para nos remoer as entranhas! Esta emoção negativa, gerada por nossa mente, funciona como um verdadeiro veneno para nosso corpo. Acabam por comprometer o nosso equilíbrio e o metabolismo do mesmo.

Os sentimentos são atemporais. Se lembrarmos de uma música, de um cheiro, de uma coisa alegre ou triste, evocamos as mesmas emoções. É o pensamento que gera o sentimento ou emoção. Se andarmos muito negativos, precisamos ficar vigilantes, pois a partir de uma única ideia inicial negativa, os outros pensamentos advindos desta, estarão criando uma realidade paralela distorcida pela depressão, por exemplo.

Segundo a psicóloga americana Louise L. Hay, todas as doenças são criadas por nós, por nossos pensamentos. Ela afirma que somos totalmente responsáveis pelo que acontece de ruim no nosso organismo!

---

víduo a ressignificar seus pensamentos e assim promover uma mudança dos mesmos. Como por exemplo, se a cliente acredita que se sair de casa passará mal. Neste caso levamos a questionar quantas vezes ela passou mal ao sair. Quando ela reporta que não passou mal nenhuma vez, ajudamos que reedite a sua maneira de pensar, porque na verdade, é um pensamento disfuncional que não vem correspondendo à realidade.

O primeiro passo para vencer nossas crenças limitantes é lembrar que somos responsáveis por criar nossa realidade. Nossos sentimentos, limites, emoções e medos forjam nossa vida da mesma forma que todos nossos pensamentos positivos.

Em relação ao investimento, devemos estar atentos à crença limitante de que "você não ficará rico!". Esta crença pode estar enraizada em seu subconsciente de várias formas.

Existem várias formas de crenças limitantes sobre o dinheiro. Seja pelo exemplo de seus pais, pelo que foi dito ou por acontecimentos diversos na infância, entre outros.

Uma das origens mais conhecidas é a Religião. Algumas religiões pregam maciçamente que dinheiro não vem de Deus e outras, são mais radicais, atribuem ao "Diabo" a sua origem. Esta crença, quando doutrinada na infância, enraíza em seu subconsciente fazendo com que você sabote o seu estado de prosperidade.

Muitas vezes você estava no caminho certo e de repente muda a estratégia somente porque seu "Eu" inconsciente acredita que "dinheiro é ruim" ou "é coisa do mal".

Você estava no caminho de prosperidade e abundância, mas de repente, veio algo fortuito que muda todo esse caminho e você atribui este acontecimento ao inusitado. Na verdade, na maioria das vezes, foi você mesmo que construiu esse cenário, com armadilhas que validarão seu pensamento de repúdio ao dinheiro. Mas este fato, foi uma construção inconsciente e quando tomou conhecimento disso, parece que foi algo fortuito.

Mas diga:
- Não. Isto deve ser mudado!

Não sabote suas metas. Mude seu modo de ver o dinheiro e a prosperidade.

Epílogo

Muitos estudos deixam claro que a mente humana é extremamente limitada. Alguns pregam o uso de Trading System[6] para eliminação completa do comportamento humano nos investimentos de risco. Concluem que a máquina é mais eficiente que o ser humano, devido as suas limitações. Como por exemplo, sentimentos, vieses e outros fatores determinantes que foram tratados neste livro.

Chegam a concluir como "utopia" o uso da mente para este propósito.

O que alguns textos não citam é que seus dados estatísticos de performance, sobre o algoritmo tratado, foram coletados de períodos onde seu rendimento seria bem menos eficiente em comparação com um investimento onde o operador tivesse apenas comprado a ação e deixada "parada", no mesmo intervalo de tempo.

Certa vez, um livro tratou o assunto com isenção e objetivo. Em seus estudos o autor foi além e ousou. Ele descreveu que sua performance na ação X, com o algoritmo analisado, foi de 238% em dez anos. Excelente desempenho!

Mas a ousadia do autor foi maior em comparar que se tivesse usado a técnica "Buy and Hold", que significa comprar e segurar a ação pelo maior tempo possível, teria na verdade mais de 480% no mesmo período que relatado na pesquisa do algoritmo. Ou seja, o Buy and Hold foi mais eficiente que o "trading System"

Não estamos dizendo que "trading system" não é útil, muito pelo contrário. O que estamos esclarecendo é que não substituirá por completo o ser humano.

---

6 -Trading System são programas automatizados que utilizam algoritmos baseados em Inteligência Artificial. Os programas estabelecem decisões por linguagem estruturada e ou rede Neural, buscando a tomada de decisões de forma mais eficiente que o ser humano, pois não utilizam emoções e sim dados estatísticos.

Fazendo uma pequena analogia, seria a mesma coisa que dizer que o mecanismo de "controle automático", conhecido aqui no Brasil como "piloto automático" de um avião qualquer, irá substituir o piloto por completo em todos os momentos. Ou seja, querer substituir o homem completamente do processo de investimento é como querer fazer o piloto saltar de paraquedas do avião, quando acionamos o controle automático, em pleno voo.

Não é assim que os algoritmos são eficientes. Eles são úteis para tomar decisões predeterminadas pelo operador, ou seja, o investidor é o piloto e não há nada mal em acionar o piloto automático no controle de todo o processo de investimento. Com alguns ajustes predeterminados tudo irá bem. Porém, espero que no momento de pior ou no melhor caso, você esteja "no controle do avião", que é sua carteira de investimentos.

Quem nunca desejou viajar de avião com um piloto experiente e preparado?!

Então... saiba que este piloto é você! Não fuja desta responsabilidade!

A estratégia de investimento final:

Estratégia especulativa:

Use todas as ferramentas que otimizem sua performance de investidor. Stops, análise gráfica, fundamentalista e ou Inclusive os "trade systems", seu piloto automático necessário a grandes horas de voo.

Mas...
-Este piloto é você! Não fuja desta responsabilidade!
-Se não sabe pilotar o avião, não levante voo!

Você é o investidor, o dinheiro é seu e o risco também. Esteja preparado.

Em contrapartida, quando lemos alguns textos de desenvolvimento pessoal e autoajuda, verificamos também técnicas ditas como "infalíveis" de "otimização" do pensamento. Alguns prometem que usando sua técnica você se tornará um ser humano mais preparado e rico.

Os textos são excelentes. Porém, algumas de suas histórias nos transmitem uma verdade absoluta. E de certa forma as são, na visão do autor.

Neste livro nós vimos que as verdades são realidades projetadas pelo indivíduo e de como ele "vê" o mundo.

Quando tentamos colocar em prática algumas dessas "técnicas", verificamos certa melhora no nosso desenvolvimento pessoal. Porém, alguns leitores, após longas horas de uso destes mecanismos, se veem na mesma situação que estavam antes. Cometendo os mesmos erros, as mesmas falhas. Agindo do mesmo modo e consequentemente, obtendo os mesmos resultados, anteriores às técnicas empregadas.

Neste momento, duvidam da eficácia destes estudos. O que acontece normalmente não é culpa dos estudos em si. Se for um livro, por exemplo, e você resolver ler novamente o mesmo, vai ver que não existe promessa de facilidade. Não deveria pensar uma dessas técnicas como se fosse fácil. Se o fizeram em algum momento, erraram. Pois realmente não são nada fáceis.

A melhora de nosso desenvolvimento pessoal, do ser que possui sentimentos, não é Linear.

Quando se trata da melhoria do seu "eu", na maioria das vezes o ser humano avança muito, mas depois retrocede. E o que acontece depois?

Avança e novamente retrocede.

Esses avanços e atrasos são "mecanismos" quase que "padrões" da luta entre a consciência com seu subconsciente. Na busca da modelagem ocorre muitas vezes a luta do seu "eu" com sua razão.

Esses retrocessos causam em alguns leitores um sentimento forte de "culpa" e também um sentimento de baixa autoestima. Não é necessário se culpar ou se subestimar, pois todo esse processo vem do desequilíbrio causado pelo aprendizado e a tentativa do cérebro em se ajustar ao novo. Sem esse desequilíbrio não há aprendizagem. O aprendizado é a busca do cérebro ao equilíbrio constante. Entendendo ser aprendizagem sinônima de mudança de comportamento e que o ser humano fica mais à vontade com o que já conhece, adaptar-se ao novo é mais difícil. Já que a pessoa fica mais à vontade com o que já conhece.

Por isso é importante conhecermos esses mecanismos e, mais importante ainda, é não se penalizar quando ocorre esse retrocesso.

Na maioria das vezes necessitamos de um profissional que diagnostique pontos de conturbação e nos guie para uma linha de aprendizado adequado ao nosso perfil ou experiência.

Tenho, como exemplo, um cliente que possuía uma grande compulsão por jogos. Gastava muito dinheiro em bingos e quase sempre voltava deprimido para casa, pois perdia capital.

Ele passou por muita dificuldade na infância, junto aos familiares, no que se refere ao padrão econômico. Na vida adulta. Porém, tinha um excelente emprego e ganhava relativamente bem. Vivendo com conforto e tranquilidade.

Quando tinha muita perda em bingos passava alguns dias de muita tristeza e quase sempre se lembrava da sua infância, onde passava por privações e do quanto ele se via como um "perdedor". O que ele não tinha consciência era que, sem que percebesse, ele fazia um esforço para vivenciar esse perdedor, pois era o que ele conhecia e lhe era familiar.

A introjeção que fez de não ser um vencedor, mesmo com uma vida financeira razoavelmente confortável, estava latente. E vez por outra ele experimentava essa sensação que lhe era conhecida. A sua autoestima precisava melhorar, pois enquanto a visão de si mesmo fosse negativa, ficaria vulnerável às armadilhas criadas por ele próprio a fim de reforçar o conceito negativo sobre si mesmo. Em terapia isso foi tratado e ele investiu o que perderia nos bingos em bens mais lucrativos.

Talvez o leitor não se conheça o suficiente para "se diagnosticar" com suas conturbações. Você nem é a melhor pessoa para fazer isso. Um bom terapeuta poderá guiá-lo bem melhor.

Neste livro desejamos demonstrar algumas armadilhas da "lógica do Investidor". Acreditamos que, com a leitura deste, você possa ter encontrado algum raciocínio enviesado que lhe ocorreu no momento do investimento. Acreditamos também que, mesmo o investidor mais racional, teve em algum momento da vida de investimentos, alguns desses pensamentos.

Nossa intenção foi demonstrar a importância da psicologia nos pensamentos ditos como "totalmente lógicos".

E tentamos provar para você leitor que esses pensamentos e decisões na tomada de investimento não são tão racionais assim. Esperamos ter atingido o objetivo e melhorado seu modo de ver o mundo e suas finanças.

"Nem sempre os pensamentos e decisões são tão lógicos quanto nos parecem ser".

Alexandre Mazzei e Silvia Goulart

Referências Bibliográficas

Maurício Bastter Hissa. Investindo em Opções. Editor, Elsevier, 2007

Paulos, John Allen. A Lógica do Mercado de Ações. Editora Campus, 2004

Coval, J D., T. Shumway, 2005. "Do Behavioral Biases Affect Prices, Jornal of Finances. 60-1. Fev.

Rogers, P; Favato, Verônica; Securato, J. R. "Efeito Educação Financeira no Processo de Tomada de Decisões"

Revista VOCESA online http://vocesa.abril.com.br/blog/seu-bolso/tag/atalhos--mentais/ acessado em 3 de janeiro de 2016

Malheiros, Rivadavilla S. "Operando com Trading Systems na Bolsa de Valores". Editora Évora, 2011

Vídeos Interessantes para Consultar

"Só a experiência faz ir contra as massas"
http://www.youtube.com/watch?v=0I-zXPnM0zk

"Possas, Flávia. Palestra Psicologia Comportamental . 2007"
http://www.youtube.com/watch?v=3SZeQHx17yA

"Desafios Mentais do Trader – Lauro Vilares – Leandro e Storm"
http://www.youtube.com/watch?v=dLL7zOtPXdU

Anotações

Impressão e acabamento
Gráfica da Editora Ciência Moderna Ltda.
Tel: (21) 2201-6662